ナミブ砂漠（ナミビア）

①モニュメント・バレー（アメリカ）
②フィッツロイ（アルゼンチン）
③バフレイヤオアシス（エジプト）
④イグアスの滝（ブラジル）

⑤パルミラ遺跡（シリア）
⑥ティカルの神殿（グアテマラ）
⑦フィレンツェ、ドゥオモからの眺め（イタリア）
⑧アンダルシア地方の村（スペイン）
⑨ブハラの神学校（ウズベキスタン）
⑩ギザのピラミッド（エジプト）
⑪村と民族衣装（グアテマラ）

サハラ砂漠（モロッコ）

いちばん危険なトイレといちばんの星空

世界9万5000km自転車ひとり旅Ⅱ

石田ゆうすけ

幻冬舎文庫

はじめに

　自転車で世界一周をやってみると、七年半もかかった。

　三年半のつもりで出発したから、世界は思っていた以上に広かったということだ。あるいは、ぼくのペダルをこぐペースが度を越してのんびりしていたのかもしれない。

　いずれにせよ、八十七ヵ国を訪れ、百八十四回パンクし、約九万五〇〇〇キロを走って、ようやく旅は終わった（この旅の模様は、前作『行かずに死ねるか！』に書いたので、よろしければそちらもどうぞ）。

　ところで自転車旅行というと、どこか特別な、冒険的なイメージを浮かべる人がいるかもしれないが、じっさいはそんなことはない。自転車はあくまで旅のひとつの手段だ。そして海外をまわるのに、この手段はなかなか好都合である。

　なんといっても好きなところに自由に行けるし、時刻表に縛られないぶん、気に入ったところで好きなだけのんびりできる。それに、その国の素顔みたいなものに触れる機会も多くなるように思う。なにしろ観光地でもなんでもない田舎を通っていくのだ。

　また、文字どおり地を這《は》う旅である。細かなもの――たとえば風に揺れる草の動きとか、木のにおいとか――を道中ずっと味わっていける。

さらにもうひとついえば、自分の足で進んでいくということ、これがいい。体にも心にも張りが出る。充実感にあふれ、ときにひとりでわけもなく熱くなる。そんな状態で世界じゅうの景色に包まれるのだ。やっぱり、おもしろい。

たいへんなのでは？　と思う人もいるかもしれないが、これが意外と慣れてしまう。それに、疲れたらそのへんに寝転がって、空でも見ていればいい。


そうして世界を旅したあと、帰国後は、思いもかけなかったことだが、縁が縁を呼んであちこちで講演させてもらうようになった。そのなかであらためて感じたのが、こういった旅に寄せられる質問には、ひとつのパターンがあるということ。

「どこがいちばんよかったか？」

「どこのメシがいちばんうまかったか？」

「どこの女性がいちばんきれいだったか？」

〃世界でいちばん〃を知りたがる人はじつに多いのである。

この質問に答えるのは難しい。ひとつにはしぼれないし、何より国や人や文化を比較して順位をつけるというのは、それ自体がムチャな話だ。

だけど〝いちばん〟を聞きたくなる気持ちもとうぜんわかる。ぼくも旅をはじめてすぐのころに、百ヵ国をまわったというベテランの旅人に会い、まったく同じ質問をした。そして旅を終えたいまでも、世界をまわってきた旅人に会えばほぼ必ず、「どこがいちばんよかった？」と聞いてしまう。これはもう人情みたいなものじゃないだろうか。

ということで、さまざまな〝独断による世界一〟を、エピソードでつづりながら紹介しようというのが本書である。

数え方で変わるものの、世界には二百前後の国と地域があるらしい。つまりぼくが訪れた八十七ヵ国というのは、世界の国の半分にも満たないのだ。それで世界一を語るのもおこがましい話だけれど、ここにあげるのはあくまで〝マイベスト〟である。百パーセントぼくの経験と主観と、そして酔狂で選んでいく。ようするにこれはユーモアである。

これから旅に出ようとする方には、ひとつの気まぐれな参考の書に、また、世界をまわりつくしたようなベテランの旅人には、含み笑いをしていただけるような書に、そして旅に興味のない方も含めて、多くの人に楽しんでもらえるエッセイ集になれば、と願っています。

目次

［第五章］

［第六章］

本文デザイン――太田竜郎　本文イラスト――吉田しんこ　口絵写真――石田ゆうすけ

〔第一章〕

世界一スリリングな場所

世界一こわい場所——動物編

その朝、ぼくはけたたましいクラクションの音で叩き起こされた。

「なんやいったい……」

目をあけると、薄闇のなかに、テントの天井がぼんやりと見える。まだ夜明け前ぐらいだろうか。ひんやりした森の空気——カナダのキャンプ場である。

ふたたび眠りにつこうと、寝袋をすっぽり頭にかぶった。しかしクラクションはいっこうにやむ気配がなく、断続的に鳴りつづけるのだ。

プパーッ、プパーッ、プパーッ、プパーッ！

「うるせえええっ！」

ぼくはガバッと起き上がり、テントのファスナーを勢いよく引き上げた。

「どこのあほが騒いどるんじゃ！」

と、目の前の地面にゴミが散乱している。おや？　と思った。これは……ゆうべテントの前に置いた生ゴミやないか。レジ袋に入れておいたのになんで散らかっとるんやろ？　犬か鳥でも来たんかな？

と首をひねりながらテントの外へ出ようとすると、キャンプ事務所のほうから大きな声が飛んできた。

「逃げろ！」

「え？」

「グリズリーだ！」

――グリズリー――
和名　ハイイログマ
特徴　ヒグマの亜種で巨大。ときに人を襲う。

「な、な、な‼」

あたりを見まわすと、二十メートルほど先の茂みに茶色い毛のかたまりがあった。二本足で立って木の実を食べている。まるで人が入っているみたいだ。

慌ててテントから這い出し、駆けだした。チラと振り返ると、クマのうしろには一台のワゴン車がいて、クラクションを鳴らしつづけている。どうやらキャンプ場に闖入《ちんにゅう》したクマを追い払おうとしていたらしい。しかしクマはのんきなもので、木になった赤い実を食べるのに夢中なのだ。

ぼくはつと立ちどまった。

「しゃ、写真撮れるかな……？」

悪のり根性が頭をもたげた。

「いっとけ！」

ぼくはたったいま逃げてきた道を逆走し、クマのいるほうへと突進していった。岩のように盛り上がった茶色い背中がずんずん迫ってくる。すごい筋肉だな、と妙なところで感心してしまう。

テントにたどりつくと、すばやくそのなかにもぐり込み、震える手でバッグからカメラを取り出した。それからさらに前進してクマに近づき、写真を一枚撮ったあと、ふたたび脱兎のごとく駆けた。気づいているのかいないのか、クマは一度もこっちを振り返らなかった。

管理事務所のテラスには、避難してきたキャンパーたちがたくさんいた。みんなこっちを見て笑っている。判断力を欠いた男の行動を一部始終見物していたらしい。ぼくは苦笑しながら、自分の逃げてきたほうへ視線を向けた。クマは相変わらず、車のクラクションを屁ともせず、木の実を夢中で食べているのである。その様子を見ているうちに、だんだん妙な気分になってきた。

大迫力のグリズリー！……かなり近くで撮ったと思ったんだけど。

「か、かわいらしいな」

毛がふさふさしてまんまるで、なんかぎゅっと抱きしめたくなるではないか。このキャンプ場で飼っているペットだったりして。あはは、は、は……とそのとき、テントの前で散乱していたゴミが脳裏によみがえってきた。

「あれって、もしかして……」

愛くるしいクマは、やがて森に帰っていった。

アラスカにほど近い、ユーコン準州「クルアニ湖」のキャンプ場で起こった事件である。


ここカナダやアラスカに来てみると、思っていた以上にクマは身近な存在だった。キャンプ場にはクマ対策のフードロッカーが必ず設置されていたし、またキャンプ場以外の森で野営するときは、食料は自分のテントから百メートル以上離すということが、ほとんど常識のようになっていた。

しかしどれだけ注意を払っていても、ときとしてクマに襲われる事件は起こる。

カナダのメジャーな観光地、レイクルイーズのキャンプ場では、おおぜいの人でにぎわっていたにもかかわらず、クマが歯磨き粉のにおいを追ってキャンプ場内に侵入し、テントを切り裂き、なかで寝ていたキャンパーに瀕死の重症を負わせた。しかもその事件は、ぼくがそのキャンプ場を利用した数日後に起こっており、ニュースを聞いたときはさすがに肝《きも》を冷やしたものである。

そんなものだから、生ゴミをテントの前に放置する、というぼくの行為は言語道断、というよりあほ丸出しだったのだが、まわりにいくつもテントがあったので、すっかり気がゆるんでいたのだった。

ただ、ふつうに旅行していてクマの姿を見ることはそうそうない。とくにグリズリーは数が減っているからなおさらだ。このグリズリー遭遇事件を何度となく出会った旅行者に話したが、みんな目をキラキラさせながらこう言ったものだ。

「うらやましいよ。おまえはラッキーだぜ」


と、このようにクマもこわいが、やはり動物といえばアフリカ。そのアフリカで最も危険な動物は、というとライオン、ではない。

カバらしい。

カバはなわばり意識が強く、船が近くにいると三トンもの巨体でボディアタックをしかけ、船底を鋭い歯で叩き壊し、船を沈めるのだという。そのため、アフリカで最も人を殺している動物はこのカバになるのだそうだ。

しかしカバはふつう、水辺から三百メートル以上は離れない。だから自転車で旅行しているぶんにはカバは脅威ではない。

ではカバの次に危険な動物は、というと、これまたライオンではない。

ゾウらしい。

ゾウもまた非常に神経質で、防衛本能から人を踏みつぶしたり、牙で刺したり、鼻で投げたりするのだという。

現地のおじさんから聞いたのだが、ときどきマッドエレファントというのが村に現れ、暴れまわって家を踏みつぶし、人間を投げ、村を壊滅状態にさせるらしい。自称生物学者のそのおじさんは、「それはそれはテリブルです」と神妙な顔で語ってくれた。

真偽のほどはよくわからないが、おじさんと別れたあと、その話を彷彿《ほうふつ》させる事件が起こった。

アフリカ南部の「ヴィクトリアの滝」でのことだ。

有名な観光地なので、キャンプ場はまるでイベント会場のようにテントで混みあっていた。

このとき、ぼくにはアサノとタケシという仲間がいた。その三人で夕食後、ビールを飲み、ギターをかきならしながら騒いでいたのだが、突然、タケシが演奏をやめて叫んだ。

「わ、ゾウだ！」

その手は食うか、とうしろを振り返ると、ほんとうに一頭のゾウがのっしのっしとキャンプ場内を歩いている。ぼくもアサノも「わっ」とコントのようにのけぞった。

異様な光景だった。分譲住宅地のようにたくさん建てられたテントやバンガローのあいだを、ゾウが悠然と歩いているのである。まるで怪獣映画だ。

ゾウは長い鼻をゴミバケツに突っ込んでなかをかきまわし、生ゴミをつかんでは自分の口に持っていってワシャワシャ食べている。ゾウのうしろではバケツがいくつも倒れ、ゴミが散乱している。

おもしろいことに、誰もゾウの侵入に気づいていない。キャンプ場全体が暗いうえに、滝の音でゾウの足音や気配がかき消されているのだ。

ぼくたちとゾウのあいだを、白人のカップルが歩いていく。何も知らずに笑顔でアイスを食べているふたりと、そのうしろでゴミを散らかすゾウ。やっぱり特撮映画みたいだ。なんともシュールな図である。

「おい、ゾウだ、うしろ！」

とカップルに呼びかけると、

「何言ってんだ、この酔っ払いたちは？」

といった顔でこっちを見る。次にうしろを振り向いて、ふたりとも電気ショックを受けたように体を反らす。ぼくたちは腹を抱えてげらげら笑う。

　そのうちようやくみんな騒ぎだし、テントやバンガローから出てきた。といっても、やれることは何もなく、みんなただ立ち尽くし、ゾウのゴミあさりを見守っているだけだ。

　しかしそんななかにも四人ほど勇敢な男たちがいた。カメラを構え、より迫力のあるアングルを求めてじりじりとゾウに近づいていく。アドレナリンで目を光らせた男たちの横顔を見ながら、ぼくは内心笑ってしまった。こういうバカはどこにでもいるんだな、と。そしてぼくもまた興奮状態で口の端を吊り上げ、カメラを胸に抱えながら、ゾウに一歩一歩近づいていく。

　と、突然、それまで生ゴミに夢中だったゾウが振り返り、ドドドドドドッとすごい音をたててこっちに突っ込んできた。

「うわわわわっ！」

　キャンプ場内は騒然となり、みんながいっせいに逃げた。ゾウにいちばん近かったぼくは恐怖で腰を抜かしそうになり、それでもよろよろ走りはじめたところで、ぞうりが脱げた。裸足になった足の裏に、小石が突き刺さり、「痛てててて」と腰がくだけ、さらにひょろついた。逃げ遅れたぼくに向かって、ゾウが突進してくる。マッドエレファントの話が脳裏をよぎった。ついで、《日本人サイクリスト無残》という新聞の見出しが目の前に浮かんだ。

すぐうしろからはゾウの足音がドドドドドドドドドッ！

「ぎゃあああああっ！」

　ところがゾウは間もなく走るのをやめてきびすを返し、ふたたびゴミをあさりだした。ぼくはトイレの入り口まで逃げたあと、激しく鳴っている自分の鼓動を聞きながら、その場にへたり込んだ。

「た、助かった……」

　やがてゾウは木の暗がりから月明かりの下に出てきた。なめらかな曲線を描く長い牙が、そこだけ水に濡れたように青白く光り、まるで何かのデザイン画のようだった。ぼくはさっきの恐怖も忘れて、口をぽかんとあけ、その光景に見とれた。

　それから間もなく、ゾウは悠々とサバンナに帰っていった。ゴミの惨状と、非力な人間たちをあとに残して。


　その数日後、ぼくたち三人はボツワナに入国した。そしていつものように食堂や警察署に行き、庭にテントを張らせてほしいとお願いしたのだが、この日はすべての場所で首を横に振られた。

　しかたなく市街地でのキャンプをあきらめ、午後の遅い時間から町を出た。

すぐに人気《ひとけ》のない灌木林が広がった。

地元の人の話によると、次の町までは約三百キロ。そのあいだには小さな集落が二ヵ所あるだけで、あとは無垢な自然がつづくということだ。ライオンには気をつけろ、と多くの人からまじめな顔で言われた。

しばらく走ったところで、巨大な泥のかたまりが道路の上に落ちていた。なかから草の繊維がたくさん飛び出している。ゾウの糞だ。いやな感じだな、と思いつつ、それでもこぎ進めていくと、しだいに顔から血の気が引いていった。ゾウの糞が次から次へと現れ、その密度がだんだん増し、やがて道路の上は泥団子の雨といった状態になったのだ。ぼくたちは小惑星群をすり抜けて飛ぶ宇宙船のように、ハンドルをやっ、やっ、と切りながら糞をよけて走り、そしてときおりそれをふんづけては「ぐにゃり」という感触に脱力感をおぼえた。あたりには動物園のにおいが濃厚にたちこめていた。

絶望的な気分で林のなかに入ってみると、やはりどこもかしこもゾウの糞だらけだ。ぼくたちは顔を見合わせ、互いに引きつった笑いを浮かべた。

「……ほんとにここでキャンプする？」

三人の意見はすぐにまとまり、来た道を三十分かけて町に戻った。そしてもう一度かたっぱしから「キャンプさせて」と悲痛な声で訴えてまわり、暗くなりかけたころ、ようやく町外れの資材置き場でその許可をもらった。それぞれテントを張り終えるころには、三人ともぐったりしてしばらく誰も口をきかなかった。

翌朝、町を出て、ふたたび灌木林のなかの道に入っていくと、きのうの自分たちの判断は正しかったのだと痛感した。

左右の林からバキバキと木の折れる音が鳴り、木々のあいだからは茶色いハゲ山のような巨大な背中が見えた。一度は大きな群れが土ぼこりをあげながら、目の前の路上に現れた。ぼくたちは慌ててブレーキをかけ、彼らが道路を横断するのを、すぐうしろで息を潜めて待った。

その群れのなかに、子ゾウを連れた母親がいた。母ゾウは気配を察知したのか、体を反転させ、こっちをにらみつけた。その小さな黒い瞳はゾッとするほど冷たく、問答無用といった気配に満ち、巨体はプルプルと微動していた。爆発寸前といった雰囲気だ。こっちに向かって来られたらまちがいなくおしまいである。ぼくたちは脂汗を垂らしながらじっと静止し、こっちにはまったく敵意がないことを示すために、彼女にほほえみながら、〈来んな、来んな〉と必死で祈っていた。その緊張状態がしばらくつづいたあと、母ゾウは前を向いてドド、ド、ド、と去っていった。ぼくたちはブハーッと大きく息を吐いて顔を見合わせ、ふたたび引きつったように笑い合った。

このようにクマもゾウも場所によっては道中の脅威になりうる。注意が必要な場合もときにはあるだろう。

ただ、これらのいる地域はかぎられている。自転車旅行につねにつきまとっている危険というわけではない。

そう考えると、われわれチャリダー（自転車旅行者）にとって最大の恐怖となる動物、言い換えれば宿命のライバルは、おそらくこいつらだ。

犬、である。

どこにでもいるし、日常的に追いかけてくる。とくに番犬はこわい。彼らの目には荷物をどっさりつけた自転車はよほど不審なものに映るのか、反射的に攻撃対象とみなすようだ。

旅の最初のころは、とにかく逃げた。自転車ではとうてい振りきれるものではないが、ギャンギャン叫びながら牙を剝《む》き出しにして向かってくる番犬を見れば、誰だってそうすると思う。

しかしこれは得策ではなかった。逃げれば逃げるほど彼らを刺激し、闘争本能に火をつけるだけなのだ。

そこでいろいろ考え、試行錯誤をくりかえした結果、画期的な作戦が完成したのである。

彼らを見ながら走るというのは、しかし気持ちがいいものである。

その名も「ムツゴロウ戦法」。

犬が猛然と追いかけてくる。いまにも追いつかれる、という寸前で軽くキュッとブレーキをかける。こちらが急にスピードをゆるめるので、犬は攻撃の気勢をフッとそがれる。興奮状態が静まり、吠えることをやめ、しばらくすると引き返していく。

それでもしつこく吠えたて、追撃をやめない犬もいる。ここがまさに「ムツゴロウ戦法」の真骨頂、最大の見せ場である。スピードを落としたまま犬と並走し、相手の目を見つめる。そして顔じゅうをシワクチャにして、とろけるような笑みを浮かべ、抱きしめんばかりの情をもって語りかけるのだ。

「よーし、よしよしよしよし」

冗談ではなく、これがてきめんにきくのである。争いをなくすのはやっぱり愛だなあ、と感動してしまう。

ところが、磐石と思われていたこの作戦が、まったく通用しない地域があった。トルコの東にある「ワン湖」周辺だ。〝世界一〟動物の恐怖を感じた場所は、じつはここなのである。

前方に村が見えたかと思うと、そこから複数の黒い影がロケット弾のようにボン、ボン、ボン！　と飛び出す。犬たちはいきなりマックスのテンションで、気がふれたように吠えながらこっちに突進してくる。どう見てもふつうの犬ではない。ハスキー犬のように巨大で、口が大きく裂け、肉を噛みちぎるのが好きで好きでたまらないの！　といった顔をしている。このあたりにいるオオカミの血が混じっていると現地の人から聞いたが、あるいはそれはほんとうかもしれない。

　それでも最初のうちは戦法どおり、犬が来た瞬間、キュッとブレーキをかけた。すると犬たちは「待ってましたっ！」とばかりにぼくの足に噛みつこうとする。

「よーし、よしよしよしよしよし」

　と顔をシワクチャにして笑いかけても、彼らの心には何も届かない。牙を剥き出しにして唾液をまきちらし、しかも〝四白眼〟といった悪魔のようなその顔を見ると、真剣に命の危険を感じる。こんな犬たちが街道沿いのほとんどすべての村にいて、そこを通るたびにギャンギャン吠えたて、全力で追いかけてくるのだ。

　牙には牙を。ぼくはやむをえず、自転車のスタンド代わりに使っている長さ一メートルぐらいの木の棒を手にし、犬がやってくるたびにそれを振りまわしながら走った。それでも彼らはひるまなかった。一度ディフェンスの隙をついてうしろのバッグに噛みつかれた。と同時に自転車がグンと重くなる。犬は噛みついたまま顔を振りまわす。自転車は海上の小船のようにぐわんぐわんと揺れ、いまにも倒れそうだ。

〈だ、誰か助けて……〉

ぼくは半泣きになりながら懸命にバランスをとり、犬がくっついて重くなった自転車を無理やりこぎつづけた。チラッとうしろを見ると、遠くのほうでボン、ボン、ボン！　と第二第三の刺客がスタートしているではないか。

「さ、させるかあ！」

ぼくは振り向きざまに右手に持ったビームサーベル——ではなく、木の棒を大きく振りかぶり、「ごめん！」とバッグにしつこくしがみついている相手の顔面を強打した。犬は「バウッ！」とひと声あげ、ようやくバッグから口を放した。身軽になったぼくは尻に帆をかけ、駆けに駆けた。

村を完全に出て、追っ手が引き返していくのを確認してから、ホッと息をつき、自転車を降りた。バッグを点検すると、四ヵ所にナイフで切ったような大きな裂け目ができている。自分の足にこの攻撃が炸裂していたかと思うと……冗談じゃない。

それからも犬との死闘は連日つづき、気持ちも鬱屈《うっくつ》としていったが、なんとかケガもなくトルコを出て、イランに入った。イランはこと犬に関しては平和だった。

旅を通して「ムツゴロウ戦法」がきかなかったのは、このトルコ東部だけだった。ここを無事走り抜けるにはどうすればいいんだろう？　ちょっと見当もつかない。
旅先で小耳にはさんだのだが、イギリスには犬のいやがる音波を発して撃退するミニ兵器があるそうだ。それ欲しい！　と勢い込んだが、そのあとでトルコの犬たちを思い出し、ははは、と苦笑するほかなかった。あいつらがそんなもので退散するとは、とてもとても……。

（本書の単行本が出たあと、読者の方からメールをいただきました。それによると、追いかけてくる犬にはドリンクボトルから水をピューッとかけるのがいいとのこと。なるほど、と思い、いつか試してやろうとその機会をうかがっているのですが、日本を走っていても犬に追いかけられることがなくなったような気が……。ひと昔前は何度も追いかけられたのになあ。骨のあるぼくたちの好敵手はどこにいったんだろう？）

世界一頭にくる国境

国境が近づくにつれて、緊張が高まってきた。
アフリカ西部、モーリタニアからセネガルに向かうところだった。

このふたつの国のイミグレーションはおそろしく評判が悪い。役人たちが何かと難癖をつけ、ワイロを要求するという話が飛びかっており、旅人同士の会話を盛り上げている。

ドイツ人の友人からはこんな話を聞いた。

彼は自国で車を買い、サハラ砂漠を越えて、車をアフリカに売りにいく、という仕事をしていた。ヨーロッパには、こういうことをして小銭を稼ぐやつが少なくない。

彼はモーリタニアで役人たちから車を入念に調べあげられた。そしてワイパーのウォッシャー液がない、という理由で罰金五百ドルを要求された。ヘッドライトのつかない車がふつうに走っているような国で、だ。

彼は笑いそうになるのをこらえつつ、あれやこれやと相手をなだめすかし、なんとか五十ドルにまけてもらって、そこを通過したそうだ。

西アフリカの国境では、ワイロはもう文化のようなものである。ドイツ人の友人は慣れたもので、ペンやTシャツなどいろんなみつぎ物を大量に用意してから旅に出ているらしい。

ぼくは、しかしワイロなど一銭たりとも出す気はなかった。

断っておくと、妙な正義感からそう考えているわけではない。

「あとから来る旅行者のために、ワイロは断固はねつけるべきだ」という意見をたまに聞くけれど、そんな思いはぼくにはさらさらない。

だいたい国境を最も多く利用するのは現地の商人だ。その彼らが日常的に、役人に言われる前からパスポートに金をはさんで渡しているのだから、一旅人ががんばったところでどうしようもないだろう。

　ぼくがワイロを渡したくないのは、たんにいやだから。言ってしまえばこれはゲームだ。ゲームには負けるより勝ったほうが気持ちいいではないか。

　ということで、国境へ向かう前にいろいろシミュレーションをし、策を練った。念のため、セネガルの日本大使の名前もおぼえておいた。彼はぼくの伯父さんだ（とうぜんハッタリである）。

　しばらくして、前方に掘っ立て小屋ふうのオフィスが見えてきた。ぼくは目を吊り上げ、心底苦しそうな顔をし、ハアハアと荒い息づかいで、片足を引きずりながら自転車を押していった。右足首の骨にひびが入っているのだ（もちろんこれもハッタリである）。念には念を入れ、ところどころ破れて雑巾にしようと思っていたTシャツを着ておいた。こんなにみじめで、おまけに足に深い傷を負った自転車青年から誰が金を巻きあげられよう。

「ハア、ハア、ボ、ボンジュール」

　苦痛にゆがめた顔に、ほんの少し笑みを浮かべ、係員にあいさつした。

「ほう、すごい自転車だな、いったい何キロあるんだ？」

彼の関心は、傷を負ったぼくの足にではなく、自転車に向かったようだった。

どこから来たんだ、どこまで行くんだ、一日何キロ走るんだ、ほう、ほう、へえ、といつも村人と交わしているようなおしゃべりをしたあと、彼はパスポートにぽんとハンコを押し、笑顔で言った。

「ボン、ボヤージュ（いい旅を）」

……いいヤツじゃないか。

経験から言えば、自転車旅行者には、国境の役人たちもわりあい寛容な気がする。見るからに貧乏くさくて金を持っていないと思われるからかもしれないし、あるいは汗を流して旅をしていることが、彼らの琴線に多少なりとも触れるからかもしれない。いずれにせよ、ほとんどの国境でなんのトラブルもなく、スムーズに通過することができた。

ただ、やはり例外はある。

アフリカの国境越えで大事なことは、まず笑顔、そして毅然とした態度といわれている。

ただし後者はやり方をまちがえるとえらいことになる。

たとえばワイロの要求を、「払ういわれなどないわ！」と断固突っぱねる。それでもし彼らの機嫌を損ねると、最悪の場合、ムチャクチャな理由をしたてあげられ、牢獄にぶちこまれることだってないとはいえない。

そんなリスクを背負うのはごめんだ。彼らも人の子。笑顔で対応すれば、こっちに好意を持ってくれ、紳士的に通してくれるにちがいない。よおし、次はフレンドリー作戦でいこう。

とやってきたのが、セネガルとガンビアの国境。

「ボンジュール（ちわーっす）！」

ぼくは得意先を訪問した営業マンのように、さわやかに笑ってオフィスに入った。軍服を着た、見るからに権力を笠に着たような顔の男が三人いる。

彼らはぼくのパスポートを見ながら、ニヤニヤと薄気味悪い笑みを浮かべて言った。

「ほう、日本人か。じゃあ、カラテをやってみせてくれ」

人を見下ろすようなその物言いにカチンときたが、

「カラテはやったことないんすよ」

と愛想笑いを浮かべた。

「ほーっ、そうなのか、ジャッキー・チェンはおまえの兄弟じゃないのか？」

ヒッヒヒッヒ、といやらしい声でまわりの連中が笑う。そんな無駄話が延々と一時間近くもつづいた。そのあいだこっちはずっと立ちっぱなしだ。部屋のなかはじっとしているだけで汗がとめどもなく流れるぐらいの暑さである。喉がからからに渇き、めまいがしてきた。しかし相手はパスポートを取りあげたまま、ハンコを押そうともしない。

はっきりとは言わないが、これは明らかにワイロの要求なのだ。何かしら心づけを払うまでパスポートを返すつもりはないにちがいない。

ぼくは必死で怒りをこらえつつ、なおも笑顔で言った。

「ねえ、ハンコくださいよ」

すると、ひとりが壁に立てかけていたライフルを手に取り、突然、銃口をぼくの顔の前に突きつけてきたのである。

「おまえ、こいつ撃てるか？」

血の気の引いたぼくの顔を見ながら、その男はニヤニヤ笑った。頭のなかでピキン、と留め金が外れるような音が鳴った。もうだめ。限界でえす。

ぼくは目にありったけの力を込め、相手を真正面からにらみつけた。相手も薄笑いをやめ、こっちをにらみつけてくる。束の間それがつづいたあと、ぼくは腹の底からしぼり出すように低い声で言った。

「パスポートにハンコを……」

男はパスポートを机の上からとりあげ、パラパラとページをめくったあと、ぼくに投げてよこした。

「イミグレーションはこの先だ。そこでハンコをもらえ」

じゃ、じゃあ、なんだったんだ、この時間は⁉

というわけで、国境越えで大切なのは、笑顔と毅然とした態度、そして何より、申請場所の確認である。

世界一こわい場所――人間編

冷たい感じのする、平らな砂漠だった。

一本の舗装路がまっすぐにのびており、ぼくはひとり自転車をこいでいる。動くものはどこにも見あたらず、物音ひとつ聞こえなかった。強盗出没地帯だという話だが、たしかにちょっと気味が悪い。乾ききった草木がまばらに生えている。触れるとボロボロ崩れそうだ。それらの影がワイヤーのように長くのびて、路上に縞模様を描いていた。時計を見ると、もうすぐ五時。そろそろキャンプする場所を探さなければ――そう思った矢先だった。

前方の茂みからヌッ、とひとりの男が現れた。顔を隠すかのように野球帽を深くかぶっている。

「くそっ、ミスった……」

胸のなかに墨汁を溶かしたような闇が急速に広がってきた。そこから逃れるために必死でいいイメージを描こうとした。

「あいつは……ここでピクニックをしてたんや」

そんなことはもちろん、あるわけがなかった。全長二百キロの砂漠のど真ん中である。そんなところで弁当を広げるやつがどこにおるっちゅうんや。ははは。ちゃうちゃう。あいつは道に迷って途方に暮れとるんや。ふほほ。って、ひたすら一本道のこの場所でどうやったら迷うっちゅうねん。うぷぷ。とぼくはめまいを起こしそうなほど錯乱しながら、ある考えから必死に目をそむけていた。だが、前方の男が顔を上げ、こっちを見たとたん、一瞬にしてその想像が頭のなかに広がった。

ここで、終わるのかな……。

はたして、男は革ジャンのポケットから拳銃を取り出し、鬼のような形相でこっちに走ってきて、ぼくの襟首をつかんだ。銃口が腹に押しあてられ、鉄の冷たい感触が伝わってきた。さらに別のところからふたりの男が現れた。ぼくは砂漠の奥に連れていかれ、砂の上に押し倒され、何度も蹴られたあげくロープで両手両足を結ばれた。そのあと三人はどこかに隠していた車にのって去っていった。自転車以外の金品いっさいがっさいを奪って。ぼくはロープで縛られたまま、砂漠に放置されたのだ。

ペルー沿岸の北部、ピウラとチクラヨのあいだで起こった事件である。

約二百キロ、ほぼ無人の砂漠がつづくこのエリアに関しては、

「ゲリラや強盗がいるからそこだけは走らないほうがいい」

と、以前出会ったチャリダーから聞いていた。

だがそこを走らないと、世界一周の走行ルートが途中で途切れることになるのだ。ぼくはさんざん迷ったあげく、宝くじを買って運を試すように、えいっ、とこの無人地帯に突っ込んでいった。そしてみごとに一等を引いたのだった。

強盗たちが去ったあと、ぼくはなんとか自力でロープをほどき、ヒッチハイクをして近くの町――といっても百キロ先だが――ピウラの警察に行った。

ピウラは砂漠のオアシス都市といった感じの小さな町で、のどかな雰囲気が漂っていた。人口は三十万人を少し割る程度らしい。

ぼくを担当したポリスは、『鉄腕アトム』のお茶の水博士のようなオヤジだった。鼻の頭に小さなクレーターがたくさん付いている。

オヤジはぼくの話を聞いたあと、予想外のことを言った。

「犯人の顔を覚えているか?」

日本ならあたりまえの質問かもしれないが、この国では強盗事件など日常茶飯事。警察の仕事は盗難証明を出すだけで、たかが窃盗犯をつかまえようとはしないだろうと思っていた。

ぼくにしても、彼らに犯人を逮捕してもらいたいわけではなかった。保険の請求のために盗難証明が欲しかっただけだ。それができあがったらさっさと解放してほしかったので、彼のこの質問はむしろ迷惑にさえ感じてしまった。

しかしこのとき、ちょっとした好奇心が頭をもたげた。彼らがどれだけ本気で犯人を捜索するのか見てみたくなったのだ。それに、もしかしたら犯人がつかまって、荷物が返ってくるんじゃないか、という淡い期待も抱かないことはなかった。

覚えている、とぼくは答えた。

「よし、ちょっと待ってろ」

オヤジが部下らしき若い男に合図を送った。

しばらくして、若い男は分厚い冊子を二冊持ってきて、ぼくの前の机にドンと置いた。

「このなかから探してみろ」

オヤジに言われるがまま冊子をあけた。学校の卒業アルバムのように顔写真が並んでいる。どうやら前科者のリストらしい。

こんなところで襲われました。南米北部の西海岸はずっと砂漠です。

それにしてもすごい量だ。広辞苑ぐらいの厚さのものが二冊、そのすべてのページに大量の顔、顔、顔。やはりこの国の犯罪者の数は半端じゃないな、とへんなことに感心しながら表紙を見てみると、

「!?」

ウソやろ、とぼくは無意識に日本語でつぶやいていた。

その表紙には、さまざまなスペイン語にまじって、タイトルのところに《PIURA》という文字があったのだ。

もう一度ページをめくってみる。一ページに二十枚ほどの顔写真があり、その下に名前や罪状が書かれてある。見ているうちにだんだん気分が悪くなってきた。猛禽《もうきん》類のように鋭い目、憎悪に満ちた暗渠《あんきょ》のような目、引き金を引くのに躊躇《ちゅうちょ》しないであろう目。それら目という目がページを開くたびにぼくをにらみつけてくる。なんという形相だろう。どんな環境下にいればこんな顔つきになれるのだろうか？　そして、一見のどかな、人口三十万人に満たないこの町で、どうやればこれほど大量の前科者が生まれるのだろう……。

一時間以上かけて一冊目をチェックし終わったときは、激辛料理を食べつづけたように感覚が麻痺し、強盗たちがどんな顔だったのかもあやふやになっていた。二冊目はもう見るふりだけしていいかげんにページをめくり、最後に適当な人物を三人差して、

「なんとなく、こいつらのような気がする」

と言って、逃げるようにその場から退出した。差された三人にはもしかしたら迷惑をかけたかもしれないが、でもあの感じだとおそらく形だけの捜査だろうから、大丈夫だと思う。たぶん。


「自転車で海外を走る」なんて聞くと、山賊や追いはぎに身ぐるみはがされる、といったイメージを浮かべる人がいるかもしれない。

でもじっさいはそう起こることじゃない。

キャンプ場にとめておいた自転車を盗まれたり、荷物の一部を盗られたりすることはあっても、道を走っているときに武装した強盗に襲いかかられ、荷物をまるごと持っていかれる、という話は、世界を自転車でまわる物好きがうじゃうじゃいるにもかかわらず、ほとんど聞かない。ぼくはすごく運が悪かったのだと思う（といいつつ、いまとなっては最高の話のネタができたと考えているのだけど）。

じっさいのところ、無防備のチャリダーを人気のないところで待ち伏せして襲うのはわけもないはずだ。でもそれがあまり起こらないのはなぜか。と考えはじめると、やっぱりチャリダーは貧乏に見えるからちゃうかなあ、と阿呆のように思ってしまう。「なんで自転車で旅行するんだ？　金がないのか？」ということを現地の人からよく聞かれるのだ。強盗たちも、リスクをおかしてまで実入りの少なそうな襲撃に熱はあげないんじゃないか。

　ところがそのパターンにあてはまらないのがペルーだ。とりわけぼくが被害に遭った区間はひどい。先にも書いたとおり、これまでに何人ものチャリダーが襲われている。

　真偽のほどはさだかではないが、あるイギリス人チャリダーはここで殺されたとも聞く。ペルーで拳銃を手に入れるのは難しいことじゃない。ぼくを襲った強盗たちが持っていた拳銃も本物にしか見えなかった。殺された話がほんとうだとしたら、そのイギリス人チャリダーは強盗たちに抵抗したんじゃないだろうか。

　襲われながらぼくが感じたことは、彼らの狙いは金品だけだということ。蹴りがさほど強くなかったことからも、できればことを荒立てたくないという紳士的（？）な姿勢が感じられた。もっとも、強盗にもいろんなタイプがいるだろうが、いずれにしても襲われたらさっさと無抵抗の意思を示したほうがいい。もっといえば、ここは走らずにバスですっ飛ばしたほうがいい気がする。話のネタより、身の安全を優先しようと思うのであれば、ね。

（単行本を上梓したあと、ぼくの友人のチャリダーがふたり、身ぐるみはがされました。コスタリカの海岸沿いの公園と、アルゼンチンのメンドーサ郊外で。やはりなんだかんだいっ

てもリスクはあります。みなさん、お気をつけて）

世界一不気味な通り

タンザニア最大の都市、ダルエスサラームに着いたその日、ぼくはどうしてもイギリスの友人に電話をしなければならない用事があった。しかも夜の十時以降にかける必要があった。

ここタンザニアにも国際通話のできる公衆電話はある。しかし壊れていることが多いし、何よりそんな時間に外で話したりしていたら襲ってくださいといわんばかりだ。この町の治安もそうとうに悪いと聞く。

そこで電話局へ行くことにした。家に電話のない人が利用するため、電話局は遅くまであいているのだ。ぼくのいる宿から歩いて五分くらいの距離だから、まあ大丈夫だろう。

そうして十時になったところで、自分の部屋の窓から外を眺めた。通りはまだまだ明るく、町を行く人々の姿もちらほら見える。これなら大丈夫だな、と安心したが、電話局は町の反対側なのだ。念のため、宿の屋上にのぼり、そっち側も見てみた。とたんに気持ち悪い汗が噴き出してきた。

「なんじゃこりゃ……」

部屋から見た通りとは打って変わって、そっちは停電しているかのように真っ暗で、町全体が沼の底に沈んでいるようだった。街灯はぽつぽつとともっているのだが、そのおぼろげな光はかえって町を陰惨な感じに映していた。さらに目をこらして闇を見つめていると、得体の知れない男どもがゾンビのようにふらふらと通りを徘徊《はいかい》しているのだ。な、なんなんじゃあいつらは？

「これでどうやって電話局まで行けというんや……」

タクシーを使うべきだろうか、と思った。でもたかだか五百メートルほどの距離なのだ。ほかにいい方法があるんじゃないだろうか？

宿の従業員についてきてもらうのも手かもしれない。でもあのゾンビ集団の抑止力になるだろうか？

そんなとき、ひとつの妙案がポンと浮かんだ。

彼らがなぜ、ぼくを襲うと思われるのか？　それはぼくが旅行者で、金を持っているように見えるからだ。逆に言えば、何も持っていなかったら彼らも襲うはずがないではないか。

「……お、おもろいやんけ」

さっそく実行に移すことにした。

まずはTシャツを脱いで上半身裸になり、サイクリングパンツ一丁になる。このパンツはポケットもなく、体にピチッとフィットしたやつだから、下に何も隠し持っていないことが一目瞭然だ。電話代のお金は靴下のなかへ入れた。さらに左手にはTシャツを、右手には自転車のスタンド代わりに使っている木の棒を握りしめ、出発準備完了。

この棒に関してはやはり迷った。こんなものを持っていけば、「そらどういう意味じゃ？」と相手を刺激して、よけい危ないんじゃないかという気もした。しかし丸腰であの闇のなかに飛び込んでいくような度胸はぼくにはなかった。

そして、いちにのさん！　おりゃっ！　と宿を飛び出すと、まずは明るい側に出た。人々はあっけにとられた顔でこっちを見ている。パンツ一丁の東洋人が、マサイ戦士のように木の棒を持って、夜道を駆けているのだ。彼らの反応も無理からぬこと、という気がする。

そこから暗い側に入ると、一瞬にして世紀末の世界が広がった。廃墟のようなコンクリート住宅が猛スピードで流れていく。あちこちで壁が崩れているのが見える。アンモニア臭が鼻をかすめた。動かなくなった人がそのへんにゴロゴロ転がっていそうだ。いったいぜんたいなんでこんなにひっそりしているんだろう？

男たちがビルの陰にたむろしている。その前を全力で走り抜ける。息が切れたが、とまるわけにはいかない。ひたすら前だけを見つめ、足がちぎれんばかりに駆ける。

やがて遠くに白い明かりが見えてきた。電話局だ。やった、もうすぐだ、来んな、誰も来んな、頼むから行かせて……。

バッ、とその建物のなかに飛び込むと、足がもつれてそのまま倒れそうになった。それをなんとかこらえて膝に手をつき、ぜえぜえと肩を上下させながら、息がおさまるのをじっと待った。

顔を上げると、金網で覆われた窓口の向こうから、職員たちが怪訝《けげん》な表情でこっちを見ている。露出狂の変態が飛び込んできたとでも思っているのかもしれない。ぼくは「ホットホット」と言いながら、裸なのは暑いからだよ、とアピールして彼らに笑いかけ、手に持っていたTシャツを着た。

それから窓口に行って、電話をかけてもらったが、友人は出なかった。まだ帰ってきていないようだ。

しばらくなかで待たせてもらい、十五分おきぐらいに電話をかけた。しかし友人はいつまでたっても留守のままだ。これでつながらなかったらさっきのおれのスプリントはなんだったんだ、と思っていたら、四回目でようやくつながった。

「何しとったんじゃ、あほっ！」

「は？」

友人もいきなり怒鳴られて、わけがわからない様子だ。

用件を終えたときはすでに十一時をまわっていた。ぼくはふたたびTシャツを脱ぎ、棒を握りしめ、深呼吸をしてから、おりゃっ、と外に飛び出した。

真っ暗なコンクリート住宅がふたたび猛スピードで流れていく。気のせいか、さっきよりも闇はさらに濃く、町はさらに静まり返っているようだった。それでもゾンビたちはいた。いやむしろ増えていた。〈来んな、来んな〉とぼくは必死に念じながら彼らの前を、乳首を出したかっこうで走り抜けていった。

ようやく宿に帰りつくと、ソファーに倒れ込み、激しく息をついた。

それから顔を上げると、フロントの兄ちゃんがこっちを見てニヤニヤ笑っている。ぼくはいたずらが見つかったような気分で彼に照れ笑いを浮かべた。そのうちだんだんとほんとうにおかしくなってきて肩が震えだし、このまま部屋に戻るのがなんだか惜しいように思えてきた。そこでとりあえずTシャツを着たあと、その兄ちゃんのところに行って、

「このあたりでまだやっているバーってあるかな？」

と聞いてみた。「That side（あっち側でね）」と表通りのほうを指差して。

［第二章］

世界一すごいモノ

世界一キツイ便所

アラブ諸国や南アジアでは、用便後、紙を使わない。左手の指と水で尻を洗うのだ。

ぼくにとって最初のアラブの国はモロッコだった。

この国に入ってすぐのころ、とある店に入り、店でサンドイッチをオーダーした。だがすぐに、ハッとあることに気づき、店主の左手に注目した。

オヤジはぼくの視線を気にもとめず、尻を洗う左手でフランスパンをぎゅっとわしづかみにした。それから包丁でパンに切れ目を入れ、そのなかに両手の指を――つまり肛門をぬぐったばかりかもしれない左手の指も臆することなく――グイと突っ込んでパンを開き、なかにクリームチーズを塗った。

出されたサンドイッチを口に入れる前に、まず、オヤジに気づかれないようににおいをたしかめた。それからパンを少し眺めたあと、「えい」とかぶりついた。とくに不自然な味はしなかった。

このように、ぼくはどちらかといえば排泄系のことに対してはちょっと神経質だったのだ。ところが長く旅をしていると、それなりに現地に順応していくようになる。

あるとき、トイレットペーパーを購入しようとモロッコの田舎町を歩きまわっていた。しかし現地の人は水で洗うので、紙を置いてある店がなかなか見つからない。少しあせりながら町をさまよっているうちに、そんな自分が浅ましく感じられてきた。いつまでおまえは日本の価値観を引きずって旅しているんだ、と思った。

ぼくは腹をくくり、手ぶらでトイレに入った。

モロッコの便所の各個室には、注ぎ口のついた大型の軽量カップのようなものが備えられている。それを使って尻に水を流すのだ。

おそるおそる注ぎ口をチェックする。とくに妙なものはこびりついていない。

ぼくはおもむろに排泄をおこなった。そしてそのあと深呼吸。「行くぞ」と覚悟を決めてカップをつかみ、それを背後にまわして、洗うべき箇所の少し上方に持っていった。そこでゆっくりカップを傾ける。水が蛇のようにチュルチュルと尻を這い、問題の箇所へと注がれていく。ぼくは意を決し、エイヤッ、と左手の中指を、その敏感なところに当てた。

「あ……」

かすかなしびれが体を駆け抜けた。

自分のなかで何かが壊れ、そして何かが生まれた。深く根を張った呪縛から解かれ、大空へと舞い上がるような心地だった。これでもう何にも縛られることなく、どこでだってやっていけるのだ。真の自由を手に入れたのだ。ぼくはしゃがんだまま顔を上に向けた。個室の上から光のシャワーがキラキラ降り注いでくるようだった。

こうしてぼくは人生のひとつの転機を迎えたのである。このすっきり感を二十九年間知らなかったなんて、なんともったいないことをしてきたのだろう。

いまはもう水なしでの用足しは考えられなくなった。日本でも五百ミリリットルのペットボトルを「携帯ウォシュレット」と呼び、どこへ行くにも持ち歩いている。

ここでいま一度、水洗い方式を具体的に解説しておこう。

水を入れる容器は国や地域によってさまざまだ。大きくわけてふたつのタイプがある。カップ型（あるいはバケツ型）とじょうろ型だ。どちらも使いやすさには大差はない。容量は約一リットル。

まずそれを背後にまわし、尻の谷に沿って水を流す。次に、落ちてくる水を左手中指で受けとめ、それを洗浄部に向かってピチャピチャ跳ね上げながら、同時に指でサッとぬぐう。容器の水はいくらかあまらせておき、終了後、それで指を洗う。

ここで大切なことは、指と洗浄部のあいだにはつねに水があるということ。だから指には何もつかない。もちろん、その域に達するまでにはそれなりに長い道のりが待っているが、技をきわめると最後の指洗いも不要になるぐらいだ。

「なんかばっちい」と思う人もいるかもしれないが、ぼくは声を大にして言いたい。紙だけですますほうがよっぽどばっちいんじゃあああ、と。紙だけでは完全に取れてへんやんか。

　さらにいえば、この水洗い方式をはじめてから、旅の形も少し変わったのである。

　インドでのことだ。

　ある田舎町を歩いていると、大腸が蠕動《ぜんどう》をはじめた。公衆便所がないかキョロキョロ探したが、どこにも見当たらない。

　そんなとき、路地の少し奥まったところでインド人のオヤジがひとり、しゃがんでことをおこなっているのが目に入った。ぼくは一瞬ためらったが、すぐにこだわりは消え、そのオヤジの近くに行った。そして彼と同じようにパンツを下ろしてしゃがみ、ことをはじめた。

　ふたりのおとながいま現在道で排便中です、というその前を、人々はふつうに行きかっている。こっちを気にする者はいない。人々の悠然たる足並みを眺めながら、ぼくは用を足し、飲料用に持っていたペットボトルの水でお尻を洗った。それら一連の動作を平然とおこなっている自分がなんだかおかしく思えてきた。温かい泥の海に横たえた体がだんだんと沈んでいくように、自分の存在が現地に同化していく、そんな心地のいい感覚。

　インドでは、このように人が路地で大をするのはそう珍しくない。これを聞くと汚らしいと思う人もいるかもしれないが、じっさいはその逆で、インドは非常に清潔感のある国だ。

町には牛、豚、犬、猿などが人と同じ空間でふつうに暮らしている。その犬や豚が路地の大便をムシャムシャと食べる。だから長時間、それが放置され、悪臭をふりまくということがない。自然の体系に近い、理想的なリサイクルが町なかでおこなわれているのだ。

このようにして鍛えられたぼくではあるが、やはり世界は広い。見ただけで凍りつくようなトイレに出会うこともしばしばあった。

国別にトップ3をあげてみようと思う。

まずはベトナムだ。

ある田舎町の宿に泊まったときのこと。

その宿は、学校の運動場みたいな広場に建っていた。老朽化が激しく、ドアや窓は隙間だらけ。シャワーなどはもちろんない。それはまあいい。問題はトイレだ。ないのだ。

「――!?」

「ないんだよ」

宿のオヤジは申し訳なさそうに答えた。

「じゃあどうすりゃいいの?」

オヤジは建物の裏手に広がる草むらを指差した。半信半疑で行ってみると、いろんな色形のものがごろごろ転がっていて、壮絶な眺めであった。

ベトナムではこういう宿にもう一回当たった。荒野や砂漠にぽつんとある宿ならともかく、町なかの宿にトイレがないというケースはかなり稀《まれ》なことに思える。少なくともぼくはこの国以外には知らない。


というのがひとつ。

でもこれは特別賞という感じがしないでもない。では正真正銘、トイレそのものの凄惨度で世界トップ、と思える国をあげるとしたら、ひとつはここ。ウズベキスタンである。

ある田舎でのことだ。

食堂でメシを食べたあと、もよおしてきた。店主にトイレの場所を聞くと、外だと言う。教えられたとおり店を出て、その裏手にまわったところで、草原にぽつんと建っている小屋が見えた。

「え？　まさかあれ？」

子どもが枯れ木を集めてつくったような粗末な小屋だった。風が吹けばバラバラと分解しそうな雰囲気だ。そしてなんというか、その小屋の背後からは、つのだじろうの心霊漫画に出てくるようなおどろおどろしいオーラがもくもくとわきあがっており、「いまからきっとよくないことが起こりますよ」という気配に満ちていたのである。

おそるおそるそこに近づき、思いきってドアをあけると、ぶわん、と猛烈な悪臭が爆風のように顔に吹きつけ、髪が跳ね上がった。そのにおいは〝鼻が曲がる〟どころではなく、痛烈に〝目〟にきた。タマネギを切っているときのように、涙がにじみ出てきた。

そして薄めた目からその光景が見えたとき、視界がぐらり、とゆがみ、ぼくは両頰に手を当て、「のおおおおおおおっ！」とムンクの『叫び』さながらの形相になっていたのだった。

床には幅三十センチぐらいの長方形の穴があった。そのすぐ下にはコールタールのような黒い液体が油田のようにたまっている。床からそこまでは約五センチ。つまり、液体はいちおう床下におさまってはいるものの、すでに〝あふれている〟といってもいい状態だ。それより何よりゾッとしたのは、床の様子である。壁と同じく細い木を組んでつくられているのだが、すだれのようにすきまだらけで、そのすきまというすきまから、黒い液体が見えているのだ。つまり床下全面が便槽になっているわけで、それはまるで納涼川床のような情緒満点の和な風情、あるいは、糞尿の大海原に、板切れでつくったイカダが浮かんでいる、といった『十五少年漂流記』のような冒険ロマンあふれる光景であり、ぼくは用を足すどころか、小屋のなかに足を踏み入れることすらできなかったのである。

ウズベキスタンは、下水がじゅうぶんに整備されていないせいか、くみとり式がやたらと多い。しかも田舎に行くと、たんに地面に穴を掘って、その上に板を渡しただけの原始的なトイレもかなりたくさんある。

その手のトイレは世界各地で見てきたのでとくに驚かないが、ウズベキスタンのトイレが〝世界最強〟と思えるゆえんは、そのにおいだ。便意をもよおしはじめると、だんだん気分が鬱になってくるぐらいのトラウマ的な臭気だった。あるいは食生活が影響しているのかもしれない。彼らが日常的に食べているのは羊肉だ。

それと便槽にものがたまりすぎているのもにおいの原因だと思う。たまたまだったのかもしれないが、なぜこんなになるまで放置するのか、と目を覆いたくなるようなトイレにぼくはやたらと当たったのだ。

イランでは荒野にバキュームカーがとまり、不毛の大地に勢いよく屎尿《しにょう》をまいている光景を見た。なんててっとり早くて理にかなった方法だろうと感心したものだ。あたりにはまったく人気がなかったから衛生的にも問題ないだろうし、イランも紙を使わないからゴミが散らばる心配もない。それにもしかしたらやせた大地にはいい栄養になるかもしれない。

ウズベキスタンも砂漠だらけなのだから、あれをやればどうだろう——と、一国の屎尿処理問題をまじめに論じ合いたくなるぐらい、滞在中はそのことに頭を抱えていたのである。

このように、においではウズベキスタンのトップはかたいと思うのだが、しかし総合的に考えた場合、悶絶トイレのチャンピオンはやはり――やはりというのもなんだけど――やはり中国である。

もしかしたらこれは月並みな結論かもしれない。なぜならこの手の話になると、たいてい中国のトイレが引き合いに出されるからだ。でもチャンピオンになる理由は単純にトイレの評価だけではない。これは文化と民族性に関わる、ちょっと高尚な話なのだ。

中国では、トイレに入ると、人々がずらりと横一列に並んで、こっちに顔を向け、尻を出してしゃがんでいる、というけっこう壮絶な光景をよく目にする。個室にドアがないからだ。おまけに隣を仕切る壁もないから、便器にしゃがむと、横の人の息づかいをリアルに感じながら用を足すことができる。大は個室、という観念は世界共通のものではないのだ。

その中国のトイレも最近、都会を中心に飛躍的に改善されてきたと聞くが、田舎の公衆トイレや、安宿の共同トイレではまだまだこの〝仲良しスタイル〟は健在である。

とくに砂漠や荒野にぽつんと建っているトイレには迫力がある。地面に日干しレンガを積んで、四方を囲っただけ、という単純なつくりになっていて、屋根もない。

囲いのなかに入ると、広さは六畳ぐらい、その中央に車一台ぶんぐらいの竪穴が掘られ、

ベトナムの公衆便所。この国にも仲良しトイレがときどきあった。

そのなかは〝糞尿特大プール〟といった壮大な眺めだ。そしてその上には細長い木の板が四本ほど渡され、それが〝足場〟になっている。つまり、ふつうは〝床に穴があいている〟というのが便所で、図式にすれば、床∨穴、であるが、このトイレは、巨大な便層に細い足場がある。つまり、穴∨床、という逆転の発想がおこなわれているのである。人はその板に片足ずつのせ、綱渡りのようなスリルを味わいながら用を足すのだ。しかも板は固定されているわけではない。穴のふちの土の上にのっているだけだ。だからぐらぐらと揺れる。そのうえ混んでいるときは一枚の板を隣の人とシェアすることになる。足を踏み外すと魑魅魍魎《ちみもうりょう》の世界へとまっさかさま。隣人とバランスをとりながら、じつに緊迫した時間を過ごすことになるのである。

と、このようにトイレそのものも横綱級だが、ぼくが中国を一位に推す理由は別にある。

中国に来て最初のころだった。

安宿の共同トイレに入った瞬間、ぼくはあおむけに倒れそうになった。なかにあった四つの便器すべてに、固体が山積みになっていたからだ。その様子からすると、ひとつの便器に複数の人のものが積み重なっていったようである。

どうやら便器の水洗が故障しているらしい。それも四つぜんぶが。

「このあたりが中国だなあ」

とぼくは両手を羽のように広げ、野原をかけまわっているような気持ちになった。なんてのどかなんでしょう。

積もったものの状態を見ても、一日や二日は放置されているにちがいないのだ。それだけ長いあいだトイレが壊れていても、人々は宿に不平をもらすことなく、他人の出したものの上に自分のものを平然と落としていくのである。なんという度量の広さだろうか。

といつまでも観察および感動をしていてもしかたがないので、ぼくもその便器にまたがり、「でもまいちおう」と栓をひねってみた。するとなんということか、水が勢いよく流れだし、大量のブツが機関車のごとくのっしのっしと運ばれていくのである。

「な、なんでやねん！」

水洗はぜんぜん壊れていなかったのだ。じゃあ、なぜあんなふうにものが放置されるのか？　ぼくは作曲家のように頭をかきむしり、苦悩した。

しかもそのあと、これと同じような光景を、中国、とくに田舎のほうでは何度も目撃し、そのたびに「のおおおおおっ」と錯乱することになるのである。

一度、日本語ぺらぺらのおじさんに会い、

「なぜ君たちは流さないんだ？」

と正面きって聞いてみた。

おじさんはうーん、と難しい顔で考えたあと、こう答えた。

「中国人は農家の出の人が多くて、きちんと教育を受けていないからですね」

そのまじめな顔つきに、ぼくはちょっと言葉を失ってしまった。そ、そういう問題か？

またある日のことだ。

宿の共同トイレに入ると先客がいた。大きな顔にふてぶてしい表情を浮かべた五十ぐらいのおっさんだ。トイレにはやはりドアがないので、おっさんのきばっている顔が丸見えである。べつに見たくはないが。

ぼくは隣の便器にしゃがみ、おっさんと並んで尻を出した。間もなく隣から紙のカサカサという音が聞こえたかと思うと、おっさんは立ち上がり、ズボンをはいて出ていこうとした。下にはおっさん作のものがどっさりたまっている。ぼくは「おい」と声をかけた。

「チョンシュイ（流せよ）」

おっさんをにらみつけ、ドスをきかせたつもりだったのだが、目下排泄中の状態で言っているので、どうも迫力が出ない。それでもおっさんはきまりの悪そうな表情を浮かべ、きちんと戻ってきて流した。その表情を見るかぎり、放置するのはあまりいいことではない、という観念はいちおう持っているようなのだ。

じゃあ流せばええやん、と思うのだが、その発想は何度も言うように、日本ではあたりまえでも、けっして世界共通ではないのだ。正義も真実もトイレ作法もひとつではないのだ。とはいっても、こういう〝流せるのに流さない〟というケースはよその国では一度も見なかった。つまりここに中国人の特徴的な性質が表れているように思えてならないのである。それは、宿の廊下や、電車の通路、といった公の場に平気でタンを吐くという行為（これも最近、都市部では少なくなったと聞くが）にも通じることである。

〝傍若無人〟といってはいけない。

彼らは……〝おおらか〟なのだ。

またあるときのこと。

宿の共同シャワーを浴びていると、三十代前半ぐらいの兄ちゃんが入ってきて、ぼくの横に立った。仕切り壁などはもちろんない。

兄ちゃんはシャワーを浴びる前に、両手を腰のところに当て、仁王立ちの姿勢になった。何をする気だろう、と思って見ていたら、ぼくのすぐ横でなんと堂々と小便をはじめた。壁に当たった飛沫《ひまつ》がこっちにまで降りかかってくるではないか。ぼくの頭は一気に沸騰し、

「ニーガオシェンマ（おまえ、なにしとるんじゃ）？」

と爆発寸前の声で言った。

兄ちゃんはこっちを向き、ぼくの怒りに満ちた表情を見ると、さすがに気まずそうな顔をした。しかしそれからは何ごともなかったかのように気さくに話しかけてきた。

ぼくは怒った顔のまま受け答えしていたが、相手のあっけらかんとした態度を見ているうちに、腹を立てているのがなんだかバカバカしくなってきた。それどころか、いつの間にかこっちも笑顔で話すようになり、そのあと宿のなかでも顔を合わすたびに友だちのようにほほえみ合った。

このように、彼らの大陸的おおらかさが、ぼくはやっぱり憎めないのである。ほんとに。

世界一危険なトイレ

アフリカの内陸部にある国、ブルキナファソの小さな村でのことだ。

食堂でメシを食ったあと、大腸がいやんいやんとむずかりだした。トイレの場所を聞くと、店のおばさんは十メートルほど先の小屋を指差した。

行ってみると、その小屋は中国の砂漠にあるトイレと同じで、地面に日干しレンガを積んで四方を囲っただけの簡素なものだ。ただ、通常のトイレとはちがう点があった。排泄用の穴がないのだ。囲いのなかにはふつうの地面があるだけで、排泄されたあともない。というより、これはそもそもトイレですらないやないか。

ぼくは食堂に戻り、もう一度トイレの場所を聞いた。するとおばさんは、

「だからあれだ」

ともう一度同じ小屋を指差して言う。首をかしげながら、ふたたび小屋に戻ってチェックしてみたが、やはりそれは少しもトイレに見えなかったし、過去に排泄物があった形跡もなかった。

「ええい、もうええわ！」

と、ぼくは囲いのなかでパンツを下ろしてしゃがみ、地面の上でことをはじめた。

間もなく、ドスドスドスという重い足音が近づいてきた。なんやなんや、とドキドキしながら入り口のほうを見ていると、壁の向こうから、巨大なブタがヌッと顔を出した。

「どわっ‼」

ブタはぼくと目が合うと、サッと壁の向こうに隠れた。しかしふたたび、ブヒブヒと荒い鼻息をたて、壁の向こうから顔を出すのである。そのとき、なぜここに排泄物が残っていなかったのか、ぼくはようやく理解した。

しかしなんというデカさだろう。ふつうのブタの二倍ぐらいあるんじゃないだろうか。おまけに顔つきが日本のブタのような平和な感じじゃない。口の横から長い牙が飛び出し、その根元からはよだれがだらりと垂れ下がっている。そして泥まみれの顔にはチンピラふうの目が不気味に光っているのである。

「これはシャレにならん……」

ぼくは震える手で石を拾い、しゃがんだままの姿勢で、ブタの目の前の地面に威嚇で投げつけた。ブタはすごすごと引き下がったが、すぐにまたブヒブヒと汚れた顔を壁から出した。

ぼくは真剣に身の危険を感じた。このまま小屋への侵入を許したら、ブタはおかまいなくぼくの尻の下に顔をつっこみ、ものを食べにかかるにちがいない。それだけならまだいいが、次にはぼくの尻をなめだすのではないか。いや、なめられるだけならまだしも、あの牙でケツにかぶりつかれたら！

ぼくは下半身で用を足しながら、上半身でブタに石を投げる、という必死のディフェンスをおこないつづけた。ブタは石が来るたびに、壁の向こうに隠れるのだが、すぐにまたブヒブヒと汚い顔を出すのである。

「来んな、来んな！」

「ブヒ、ブヒ、ブヒブヒブヒ！」

そんな攻防がしばらくつづいたあと、ようやくぼくはことを終えて短パンを引き上げ、急いで外に飛び出した。それと入れ替わるようにブタは囲いのなかに突入し、バフバフバフバフバフ！　とものすごい勢いでぼくの分身を食べはじめた。うまいか？　おお、そうか、それうまいかあ、とほほえましい気持ちでその光景を眺める、という気分にはとてもなれなかった。

ブタトイレというのは、じつはアジアなどほかの地域にもある。しかしたいていそれは上下二層構造になっていて、ブタたちは人々よりも下方でエサを待ちかまえているのだ。ブタが自分と同じ位置にいて、こっちに向かって突進してくるというケースはあとにも先にもあの一度きりだった。

余談になるが、西アフリカのほとんどの国はイスラム教なので、ブタを食べることはない。しかしこの国、ブルキナファソの町にはなぜかブタ肉の串焼き屋台があった。うれしくなって大量に買ったのだが、ひと口食べた瞬間、

「うえええっ」

と思いっきり顔をしかめてしまった。その肉の香りはまさに、生き物の体内で生成される有機化合物、つまり早い話が糞、だった。とくにレバーは強烈で、そのにおい以外の何ものでもなく、自転車をこいで腹ペコになったぼくでもひと口すら食べられなかった。

このとき、ふいに高級桃の話を思い出した。岡山のある農家はカラスミやイカの塩辛を肥料に混ぜるらしい。そうすることで桃は格段に甘くなるという。また、木の実をたくさん食べたクマの肉はホクホクと甘くなるとも聞く。

ブルキナファソのこのブタ肉を食べたとき、ぼくの脳裏に鮮やかによみがえったのは、そう。巨大ブタがバフバフバフ！　とすごい音を鳴らしながら……以下略。

世界一不気味な宿

中米コスタリカの首都、サンホセに着いたときはすでに暗くなっていた。

「ミスったな……」

ぼくはあたりに目をくばりながら、びくびく自転車をこいでいる。

サンホセは想像以上に大都市だった。通りは人や車でごった返し、クラクションが鳴り響き、得体の知れない男たちがあちこちでたむろしていた。そして人ごみのなかをよろよろ走っているぼくを見ると、意味ありげな顔でニヤつく者、眼光鋭くにらみつける者、ヤジのようなものを飛ばしてくる者、とさまざまな反応を見せた。

もっと早い時間に着いておくべきだったのだ。コスタリカは中米のなかでも暮らし向きがよく、地方の町はどこもクリーンなイメージがあったから、つい油断してしまった。

やがて市場の前に、いかにも安宿といった風情の小汚いビルが現れた。町の喧騒から逃げるように、そのなかに自転車を押して入っていった。

とたんに腋臭《わきが》のようなにおいが鼻をつき、うっと息がつまった。そして次の瞬間、火照《ほて》っていた体がすうっと冷えていくのを感じた。

ビルはロの字型で、中央が吹き抜けになっていた。そのため建物の内側が屋上のほうまで見えるのだが、まるで廃ビルのように薄暗く、すさんだ雰囲気に包まれていた。

そのなかでまず目についたのがおびただしい量の洗濯物である。そこらじゅうにロープが張られ、ボロきれのような服やシーツが大量に積み重なっていた。まるで長いあいだ海をさまよっていた漂流物が、からまって引き揚げられたといったぐあいに。

次に、暗い廊下のあちこちでうごめくものが目に入った。

人だった。

中年の女が、廊下に敷いたゴザに座り、泣きつづける子どもをあやしていた。そんな女が一階の廊下の、ざっと見える範囲だけでも四、五人はいて、なぜかみんな子どもを抱いていた。さらに上の階からも子どもの泣き声が聞こえてきた。ここは養護施設なのか？　と一瞬疑ったぐらいである。

しかしじいさんもいた。茶色くなったボロを着て、ヒゲが伸び放題で、床にうずくまっている。泥酔しているのか、あるいはドラッグでいかれているのか。

彼らの目がいっせいにこっちに注がれた。みんな生気のない顔をしている。じいさんも顔を上げた。彼はよく見ると、それほど年を食っていないようだった。ただその瞳の暗さは底なしのように思えた。なんなんだ、この男の崩れ方は……。

これはさっさと出ていったほうがよさそうだ。と、きびすを返したところへ、ひとりのやせた男がやってきた。四十前後ぐらいの白人だ。

「やあ、泊まりかい？」

英語で話しかけてきた。ぼくが返事に窮していると、男はつづけた。

「部屋はあるよ。安いし、いい宿だ」

妙な表情だった。口元はほほえんでいるのだが、落ちくぼんだ目は笑っていなかった。マネキンの顔のようだ、と思った。この男はいったいなんなんだろう。宿のオーナーなのか、それともこのアパートに住む住民なのか。

ぼくの疑問に感づいたのか、男は付け足すように言った。

「俺も旅行者なんだ」

そのひと言はじゅうぶん効果があった。旅行者というだけで親近感がわき、ある程度信用してしまう。

「あんたも泊まっているのか？」

と聞くと、男はそうだと答えた。

このとき、ぼくのうかつな冒険心が頭をもたげた。おもろそうやん、と思ったのだ。これだけディープな宿もそうそうないだろう。目の前の男も何かいわくがありそうで、どんな人生を歩んでここにやってきたのか、ちょっと聞いてみたい気もする。

男はオーナーを呼んだ。

管理人室から、太った男が百パーセントやる気のない顔で出てきた。

とりあえず部屋を見せてもらうことにし、鍵をもらった。そしてロビーを横切り、左右にドアが並ぶ暗い廊下を歩きはじめたところで、ぼくは思わず息を呑んだ。

ほぼすべての部屋には、ドアノブがなかった。いや、もとはあったのだろうが、明らかに暴力的な手段で取り外されたとおぼしき生々しい跡が、木製のドアについていた。

そのかわり、ドアには握りこぶし大の穴が打ち抜かれていた。その横の壁にも同じような穴があいており、ふたつの穴を通して太い鎖が巻きつけられ、さらに鎖の両端が南京錠でつながられているのである。

「な、なんじゃこの施錠は……」

しかも穴がひとつだけはなく、三つも四つもあいたドアがいくつもあった。それらの穴のうち、ひとつだけが施錠に使われ、ほかはことごとく破壊されていた。あたかも鎖錠を解くために、ノミか何かで穴の端を削りとったというぐあいに。つまり部屋に押し入ろうとする何者かによって穴は何度も何度も壊され、そのたびに住人は新しい穴をつくっていった、ということだろうか。

もしかしたら部屋の住人が南京錠の鍵をなくし、しかたなく穴を壊した、ということも考えられるが、その想像はすぐにかき消された。ドアと壁に三つずつ穴があき、その三つすべてに鎖がぐるぐると巻きつけられ、それらにひとつずつ、計三つの巨大な錠前がぶら下がっている、といった部屋まであったのだ。化け物を閉じ込めた禁断の間、といった感じである。いったいどれほどの猜疑心《さいぎ》をもってすればここまでやれるのだろうか？　ぼくは空恐ろしい思いで、その三つの錠前を凝視していた。

やがて自分にあてがわれた部屋の前に来た。そこはいちおう外部の人専用にしているせいか、ドアに穴はなく、ふつうの蝶番《ちようつがい》と南京錠がついている。とはいえ純正ではなく、あとからつけられたもののようだ。ドアには蝶番が取り外された跡が一、二ヵ所あった。

南京錠をあけ、部屋に入る。

雑巾のようなしめっぽいにおいに包まれた。部屋は三畳ぐらいで、スペースのほとんどはベッドだ。木製の貧相なイスがひとつ。窓はなく、まるで監獄である。四方の壁は一面ピンク色に塗られている。そもそもこの宿は売春窟のようなところなのかもしれない。

ぐったりした気分で、どうしようかと考えた。

ここに泊まることはとても得策とはいえなかった。しかし疲れきっていたし、外はすでに真っ暗なのだ。いまからフル装備の自転車を押して歩き、宿を探すのと、ここに一泊だけして明日まともな宿に移るのと、どっちが安全だろうか。

「ええい、もうええわい！」

ぼくは腹をすえることにした。

苦労して部屋に自転車を入れ、荷をほどいていると、ノックの音がする。そのままドアに向かって問いかけた。

「なんだ？」

「おれだ」

さっきの白人のようだ。ドアをあけると、彼は部屋に入ってきた。

「すごい荷物だな」

男はさっききよりも気さくな感じで話しかけてきた。その表情にぼくも警戒をゆるめた。

彼の誘いにのっていっしょに晩飯を食べにいくことにした。ドアには宿の鍵とあわせて、自転車用のU字ロックもかけておいた。チタニウム合金でできた、太さ一センチほどのやつだから、まず切断される心配はない。とはいえドアを蹴破られたら終わりで、それが容易に起こりそうな宿なのだけれど。

近くにあった安っぽいファストフード店のような食堂に入った。ごはんとスープとチキンがひとつのトレイにのった「カサード」と呼ばれる定食を食べる。とくにまずくもないが、劇的にうまいわけでもない。

男の名前はアントニオと言った。スペイン人で、もう一年あまりもこの国にいるそうだ。

「それじゃあ旅行者って言えないんじゃないか?」

とぼくが冗談っぽく言うと、アントニオは少しも笑わずに、

「いや、また近いうちに旅に出る」

と答えた。

「この町で一年も何をしてるんだ?」

「Many things(いろいろさ)」

メニースイングス、か。どう見てもまっとうなことはやってなさそうだ。

アントニオは追及を避けるかのように、ぼくの旅に話題を振った。

「どこから走ってきたんだ？」

「アラスカからだ」

それを言うとみんな目を大きく開くものだが、彼は表情を変えなかった。

「どのくらいかかった？」

「一年弱だ」

「これからどこへ行くんだ？」

世界一周と言いかけて、アルゼンチンまで、と言い直した。この男にはほんとうのことを語らないほうがよさそうだ、と思ったのだ。

彼の話は宿のことに移った。

「いいか、あの宿にはろくなやつがいない」

あきれた話だ。さっきいい宿だと勧めたのはおめえじゃねえか。

「誰も信用するな、まともなのはおれだけだ。何かあったらおれに相談しろ」

アントニオは、少しも笑わない目で、こっちをじっと見すえて言った。ふいに、その目はつくりもので、じつは何も見えていないんじゃないか、という空想がふくらんできて寒気がした。この男はいったい、何を目的におれに近づいてきたんだろう？

アントニオは夜の町に繰り出そうと誘ってきたが、これ以上この男と関わるのはごめんだった。それにあの部屋を長くあけておく気にもなれない。ぼくは疲れているから、と適当に断り、部屋に帰った。それから部屋のなかで日記を書いたり、本を読んだりして時間を過ごした。

赤ん坊の泣き声がビル内にこだましていた。なんだか悲痛な泣き声である。病気なのだろうか。壁の外からは、自動車のエンジン音やヒステリックなクラクションや酔っ払いのわめき声が聞こえてくる。なんて騒々しい町だろう。

便所で歯を磨き、ベッドに横たわって本を読んでいると、ノックの音がした。心臓がビクンと跳ね上がった。時計を見ると夜中の一時だ。

「なんだ?」

「おれだ」

アントニオの声だ。

「なんの用だ?」

「ちょっと話したいことがある、あけてくれ」

「疲れてるんだ、もう寝るところだ」

「ちょっとだけですむ」

どこか思いつめたような声。なんかヤバイ雰囲気だ。鼓動がだんだん速くなってくる。

「もう寝るから明日にしてくれ」

ドン、と激しくドアを蹴る音が鳴ったかと思うと、蝶番をとめている釘が半分ほど飛び出し、ドアが少し開いた。驚きと怒りが同時に押し寄せ、ぼくは「ファック！」と叫んでベッドから跳ねおきた。そしてそのままドアに飛びつき、それを押さえにかかると、相手も猛烈な勢いで押し返してきた。

「どういうつもりだ！」

と怒鳴ると、アントニオも怒鳴り返した。

「なぜ閉めるんだ！」

あたりまえじゃ！

アントニオは怒りのこもった声でつづけた。

「さっきおれはいろんな情報を教えてやっただろ！」

「だからなんだ！　おれは寝たいんだ！」

いったい何への執念なのか、アントニオの力はすさまじく、ぼくはじわじわと押し返され、ふたたびドアにすきまができた。するとそこからやつのつま先がぐいぐい入ってくるではないか。いったいなんなんじゃこりゃあ！

アントニオが低い声で言った。

「おれは信用できると言っただろ」

　できるかボケ！

「出ていけ！　大声を出すぞ！」

　とぼくは大声で怒鳴った。彼はそれでひるんだのか、足を引っ込めた。それでもドアをあけようとする力は弱まらない。

「おまえ、いいかげんにしないと警察を呼ぶぞ！」

　そこまで言って、ようやく相手はドアを押すのをやめた。そしてなんだかんだ罵詈雑言《ばりぞうごん》を吐いていたが、やがてドアの前から去っていった。

　まだ心臓がドキドキしていた。ぼくはベッドを移動して、ドアの前にくっつけ、さらにベッドと壁のすきまにイスを突っ込んだ。これでベッドとイスがつっかえ棒の役目を果たし、ドアが開くことはない。とはいえ、そわそわして落ち着かず、うとうとしたと思ったらまた何かの物音に起こされる、というのを何度もくりかえした。

　朝になってまどろみから覚め、何ごともなく夜が過ぎ去ったとわかったときは、全身から力が抜けるような思いがした。

　廊下に出ると、宿の雰囲気はずいぶん変わっていた。中庭には朝の光が差し、どんよりしたムードも少しはやわらいでいる。かといって、もう一泊する気にはとうていなれなかった。

ぼくは早々にチェックアウトすると、町を歩きまわり、やがてまともな宿を見つけた。そこはいわゆるバックパッカーの宿で、世界じゅうから集まった旅人たちであふれ、若いエネルギーに満ちていた。こんなところがあるのなら、最初から調べておくべきだった。

それからサンホセには五日滞在したが、二度とアントニオに会うことはなかった。だから彼の目的がいったいなんだったのか、いまでも不明だ。

しかしアントニオの行動以上に不可解だったのは、ドアと壁に巻きつけられた三本の鎖である。あの偏執狂的な防犯対策はいったいなんだったのだろうか。

これはかなり〝異例〟のことだとぼくには思えた。なぜならたいていの場合、どんなコミュニティにもそれなりの秩序ができあがっているからだ。スラムでもそこにいる住人たちのあいだには、彼らなりの規律が存在する。ましてや、あそこはひとつの建物のなかなのだ。ドアを破壊しようものならそうとうに目立つわけで、隣人がそれに気づかないはずがない。

あれはいったいなんだったのだろうか？　住人たちはつねに隣人をいぶかしみ、疑心暗鬼のうずまくなかで日々暮らしているというのだろうか？

あんな宿はあとにも先にも、あの一度きりだった。

世界一笑えるお札

Mという日本人のチャリダーがいる。

最初にカナダで会ってからというもの、お互いのルートが似ていたこともあって、あちこちで再会をくりかえしていた。メキシコではキノコ頭のキヨタくん（前作に登場する怪人）とともに三人で走ったこともあった。

Mはいいやつで、愛すべき好漢で、男らしさとやさしさにあふれるナイスガイで、もうどんな賛辞を使っても彼を言い表すことはできないのだが——つまりぼくはここで何も語っていないわけだが——残念なことに、彼のギャグは絶望的につまらなかった。言葉選びのセンス、声の調子、発言のタイミング、すべてこれ以上はないと思えるぐらいの外し方で、つねにまわりの者を凍りつかせた。そんなとき、ぼくは事態を収拾しようと、「いやあ、さすがM。すごいギャグ」などと言ったりするのだが、するとMは「ギャグなんか言ってねえよ！」とマジギレして、それがまたさらにおもしろくなかった。

そんなMとメキシコ以来、五ヵ月ぶりにペルーで再会した。

そのときぼくは首都リマの安宿に滞在しており、同宿の者たちと団らん室で麻雀をしてい

た。そこへMがやってきたのだ。彼はぼくの姿を見るなり目を吊り上げて歓喜し、

「うおお！　やったあ！　これで、ひとりで行かなくてすむじゃん！」

と吠えた。午後三時。団らん室のまったりした空気に、彼の甲高《かんだか》い声は風船のようにポカン、と浮かび、そこにいた旅人たちは露骨に「めんどくさいやつが来たな」という目をMに向けた。さすがだ、とぼくは内心うなった。はじめて会う人にも一発でわからせてしまうなんて。

それはともかく、Mもペルーにビビっていた。できることならひとりで走りたくなかった。だからぼくを見た瞬間、ペアランの相手を見つけた、と思ったらしい。

しかし、ひとりで盛り上がっているMを横目に、ぼくは内心、うーん、と困っていた。Mはほんとうにいいやつなのだが、彼のギャグはほんとうにつらいのだ。「タコスって、もしかしたらタコが入ってるのかな？　ってちがうか」といったギャグを聞きつづけるのは、じっさいのぼり坂以上にハードなのだ。

ぼくはこのとき、強盗に遭った直後で、ふたたび荒野に向かってこぎ出すことにおびえきっていた。しかし彼のギャグによる責め苦と、ひとりで走る恐怖とを天秤にかけた場合、どっちをとるか非常に迷うところだった。

しかししかし、Mの名誉のために重ねて言っておくと、彼はほんとうにいいやつなのだ

(もはやフォローになっていないか……)。

Mはなんの疑いもなく、ぼくもいっしょに行きたがっていると考えているようだった。彼の笑顔を見ていると、ギャグがつまらないからといって断るのは、さすがに非人道的のように思えてきた。

こうして再会から約二週間後、出発準備を終えたぼくとMはともにリマを出発、南へとこぎだしたのだった。

その二日目のことだ。

晩メシのあと、安宿の部屋でMと両替レートの話をしていた。彼は自慢げに、小鼻をふくらまして言った。

「おれは二・四九で替えたことあるぞ」

へえ。それはすごい。ぼくの知るかぎり、一米ドル＝二・四六ソルが最高だ。でも……。

「それヤバイんちゃうか？　ニセ札入ってるかもなあ」

「まさか」

Mは、はん、と人を小ばかにしたように笑ったが、目の端がピクピク震えている。どうせやることもなかったし、とりあえず調べてみようということになった。

Mはすかしをチェックしながら、一枚一枚ぼくに手渡ししてくる。

「ほら、ぜんぜん問題ないじゃん」

Mの表情にどんどん余裕の色が浮かんできた。

ところが四枚目の札をつかんだとき、彼の手がピタッととまり、表情が固まった。

「え、うそ？　見せろ」

「ちょ、ちょっと待った」

じゃかましい、とMから無理やり奪いとったその札を見た瞬間、ぼくはぐはははははっ！　と体をのけぞらせてベッドの上に倒れ、体をひくひく痙攣《けいれん》させながら笑い転げた。

「なんやこれえ！」

芸術的に不細工なニセ札だった。まず肖像画の顔が別人か？　というぐらいちがう。いかにも素人が描いたような顔で、しかも印刷がずれているのか、線が二重になっている。さらに真ん中の建物は線がにじんでおり、子どもの水彩画のようだ。裏を向けると別の建物があるのだが、そちらはフリーハンドで描いたように線が震えている。紙質は薄っぺらでふにゃふにゃ、本物と比べると大きさまでちがう。まじめにつくったとはとうてい思えない。きっと誰かを笑わかそうとしたのだろう。いっそ《子ども銀行》ぐらい書けばよかったのだ。

Mは引きつった笑いを浮かべながら、

「くそー、国境で両替したからわからなかったなあ、だってペルーに入ったばかりで本物のお札はまだ見たことなかったじゃんね」

と苦しい言い訳をしたが、こんなの本物を知っていようがいまいが関係ないっちゅうねん。誰がどう見たってニセ札やないか。両替時にはすべての札をチェックするという鉄則を、Mは忘れていたのだ。

けっきょく彼が手に入れた八枚のお札のうち、大笑いできるニセ札が二枚、ちょっと笑えるニセ札が一枚あった。

あきれたことに、〝ちょっと笑えるニセ札〟のほうは、明かりの暗い店でまんまと使うことに成功した。だけど大笑いできる二枚のほうは、買い物のたびにほかのお札にはさんで出すものの、毎回店主から笑ってつき返された。しまいにはMも開き直って、ヤケクソ気味に言った。

「いやあ、いいお土産ができたなあ。これは貴重じゃんね。だって土産物屋には売ってないじゃんねー。くぴぴぴぴぴぴぴ!」

彼にしては、ちょっとだけおもしろかった。


という感じで、ペルーはニセ札の宝庫である。

Mがやられたように、とくに入国時はニセ札をつかまされやすい。すかしなどはニセのほうにも入っている。Mの土産となった不細工なニセ札にも、なぜかすかしだけはきちんと入っていた。

しかし本物を知らずとも、ニセ札かどうかを鑑定するやり方がある。そしてこの方法はほとんどの国で使えるはずである。

お札にはたいていその国を代表する人の肖像画が描かれている。その服の襟がポイントだ。そこは顔の影になっているため、色が濃くなっている。それを表すために太い線が密に引かれている。その部分を指の爪で、きつく、ゆっくりこするのだ。本物のお札だと、印刷のインクがのっているので、カリカリカリという手ごたえが爪に伝わってくる。しかしニセ札だとツルツルして手ごたえがない。

襟に線がなかったり、襟そのものがなかったりしたら顔の影の部分でやってみる。インクののり方は国によってちがうが、だいたいはこの方法でわかる。それでも区別できないようなニセ札ならば、店でふつうに使えるから問題ないだろう（といっても、ニセ札の使用はどの国でも犯罪なので。念のため）。

ところでこれもまた笑えることに、ペルーではどのお札を見ても、肖像画の襟のところがかすれて薄くなっていた。人々はお札を手にすると、パブロフの犬のごとく反射的にその部分を爪でこすっているようなのだ。

このニセ札の笑いはまあ邪道だとして、では本物のお札から選べば、どこの国のがいちばんおもしろかったか。というと、すぐに思い出すのがタンザニアの千シリング札だ。肖像画のところがキリンの顔なのである。

もっともアフリカでは、動物の絵が入った札は珍しくない。ライオン、バッファロー、サイ、シマウマ、ゾウなど、さまざまな動物がお札に描かれている。そしてそれらは、へんな言い方だけど、ちゃんと〝動物〟としてスケッチされている。

しかしタンザニアの千シリング札はちがう。本来、人の肖像画が入るスペースに、キリンの顔のアップが、正装に身を包んでいるような雰囲気で、つまりいかにもこの国の代表者といった感じで描かれているのだ。とぼけた味があって、最初見たときはプッと笑った。それから「しまったなあ」と少し悔やんだ。各国のお札を集めておけばよかったと思ったのだ。

蒐集癖《しゅうしゅうへき》のまったくないぼくは、国境に着くと、それまで使っていた通貨は全部両替する。それができない場合は、店で食料や電池を買うなどして全額使いきる。それでもコインがあまったら店のおばちゃんにあげる、と徹底している。別の国のコインがまざるとめんどうだからだ。

そんなぼくでも、キリンのお札を見たときは所有欲が出た。せめて各国のお札を一枚ずつ

タンザニアの1000シリング札（表)。ちなみにすかしもキリン。

ボツワナの５プラ札の裏はオリックス。表はエライ人の肖像画。

でも取っておいたらおもしろいコレクションができただろうに、と思ったときは、しかしすでに三十ヵ国以上まわったあとだったのだった。

ところでこのキリンのお札、ちょっと考えると、けっしてシャレでもナンセンスでもないことがわかる。というのも、この国には有名な「セレンゲティ」や「ンゴロンゴロ」のように、野生動物が見られる国立公園がたくさんあって、それらを求めて世界じゅうから観光客がやってくるからだ。つまりキリンやライオンはこの国のGDPに大きく貢献しているわけで、だからこの国ではキリンたちは偉い。お札になっても誰も文句は言わないだろうし、独裁者が自分の顔をお札にするケースなんかと比べたら（そしてそれは非常に多いわけだけれど）、じつに穏当な選択だなと思ってしまう。

お札の話をもうひとつ。

中央アジアのウズベキスタンの通貨「スム」にも、おもしろい札があった。

〝三〟という数字の札だ。

こんな数字のお金を見たのはこの国でだけである。でも調べてみると、過去には珍しくなかったようで、十八世紀のはじめにデンマークが三マルクを出したのを皮切りに、世界各地で発行されたらしい。とくにロシアは三の札が好きなようで、ほかの国がつぎつぎにやめていくなか、百五十年間にもわたって何度も新三ルーブルを発行している。ウズベキスタンで三スム札がつくられたのも、かつてはソ連だったことが影響しているのかもしれない。

しかしじっさいに使ってみると、なぜこんな札が出されたのかまったく理解に苦しんでしまう。一度、十スムのお釣りを受け取るさいに、三スム札二枚、二スム札一枚、一スム札二枚、と渡された。ややこしいだけやないか。

ただこの三スム札も消えてなくなる日は近いだろう。ウズベキスタンではインフレがつづいている。七年前に発行された三スム札の価値が日本円でわずか〇・四円まで下がっており、実質的には使われていないに等しかった。ぼくが目にしたのも、先に書いたように、十スムのお釣りとして田舎の村で押しつけられるようにしてもらった、その一回だけだ。

ひょっとしたら珍しさも手伝って、これから希少価値が上がるかもしれない。そう考えるととっておけばよかったかな、といまになって少し思うが、それを受け取ったときはやはり、

「こんな札、かさばるだけじゃ！」

とぼやきながら、さっさと別の商店で、店主に押しつけるように使いきったのだった。

世界一欲しくなったお土産

先に書いたように、ぼくにはコレクション趣味というのがまったくない。パスポートに各国のスタンプが増えていっても、とくに喜びは感じなかったし、押されたスタンプをあとでじっくり見返すこともなかった。モノ全般に対して、どうも執着が薄いようだ。ときどき自分のなかで欠落している部分じゃないかとさえ思う。

そんなぼくがどうしても自分の手元に置いておきたいと思い、自分へのお土産として買ったものが、この旅のあいだにふたつだけあった。

ひとつは中米グアテマラの織物だ。

この国に入る前、グアテマラの民族衣装に熱を上げている日本人の学生に会った。彼は以前、この国を訪れ、先住民たちの着ている服に感動し、研究したいとまで考えるようになったらしい。そこで大学を休学し、まずは公用語のスペイン語を習得するためにメキシコで留学していた。

「できることなら、民族衣装の研究に一生を捧げたいんです」

と、彼は熱に浮かされたような目で言った。

ぼくは聞いていて、もうひとつ意味がわからなかった。服の、いったい何を研究するというんだ？

それから約一ヵ月後、グアテマラに入った。そして村人たちの民族衣装を見たとき、あの彼の熱っぽい眼差《まなざ》しを思い返さずにはいられなかったのだ。

衣装の上では、花が咲き乱れ、鳥の群れが羽ばたき、無数のトンボが乱舞していた。それらは衣装の全面にびっしりと、何かの設計図のように緻密に描かれていた。しかもそれらは刺繍や染めではなく、糸を一本一本織って描かれたものなのだ。

そして何よりすてきだと思えたのは、村のほとんどの女性がそれをあたりまえのように着ていることだった。そんな彼女たちで市場がごったがえしている様子はまさに圧巻だった。大がかりな仮装行列のようでもあったし、ともすれば大蛇が体を波打たせながら動いているようにも見えた。

その大きなうねりに身を任せながら歩いていると、ふいに市場の喧騒がスーッと遠ざかっていった。え？　と立ちどまって、あたりを見まわしたとき、さっきまで漫然と眺めていた景色が、急にくっきりと立ち上がって、立体的に見えはじめた。そして自分が、このグアテマラという国の、小さな村にぽつんと立って、こうして世界を眺めているということが、とてつもなくふしぎで、かつ無上の喜びに感じられたのである。

そのとき、こんなことを思ったのだ。異国を感じさせるアイテム――たとえば町並みや、人々の顔つきや、聞こえてくる言葉――といったもののなかで、もしかしたら民族衣装が何よりも〝異国情緒〟をかきたてるんじゃないだろうか。

市場のなかをゆっくりと歩いた。カラフルな民族衣装を着たおばさんたちのあいだをすり抜けながら、まるで幽霊にでもなったような気分だった。自分は誰に見つかることもなく、フワフワと泳ぐように世界をさまよっているのだ。

村の外れで、機《はた》を織っている少女と目が合った。年は十三、四歳だろうか。彼女は手をとめ、店先に積んである織物を手にとって、

「思い出に一枚どうです？」

と言った。

「ごめん、買う気はないんだ」

と断ったが、彼女はつぎつぎに商品を広げはじめた。

好奇心から、軒先に吊るしてあるウィピル（上衣）の値段を聞いてみると、四百ケツァル（約六千二百円）だという。グアテマラの物価からすればけっこうな値段だ。

「織るのにどれくらいかかるの？」

「三ヵ月ですね」

えっ⁉　と思わず声が出た。膨大な時間がかかっていることは想像できたけれど、三ヵ月とは。そしてその値段が六千二百円……。

もしかしたら、商品の価値を吊り上げるために期間を長く言っているのかもしれない、とも思った。でも彼女はそれほど商売熱心ではなかった。それよりは職人という雰囲気の人だった。自分の織った商品を見せるとき、どこかにはにかみがあった。

話していると、村の子どもたちがやってきた。男の子はくたびれた洋服を着ているが、女の子はやはり、びっしりと模様の入った青い民族衣装を着ている。

子どもたちは純朴そうな丸い目でぼくにほほえみながら、「お金ちょうだい」と言ってきた。表情と言ってることが違いすぎるやろ！　と吹き出しそうになったが、子どもたちは道にひよこが現れると、「ポヨ！　ポヨ！」と言ってそっちに夢中になった。ぼくはこらえきれずに声をあげて笑いながら、彼らの追いかけっこを見ていた。そのあと、機織りの少女にさよならを告げると、彼女は、

「また来てくださいね」

とほほえんだ。

ぼくは村の中心部のほうに戻り、ふたたび幽霊のように別世界を泳いだ。

民族衣装の色柄は村によって異なるらしい。それがまた魅力のひとつになっている。衣装

を研究することは、彼らの民族文化や歴史を研究することにもなるのだ。

市場を冷やかしているうちに、ぼくはこれまで感じたことのない気分に包まれた。この国の織物をどうしても自分の手元に置いておきたくなってきたのだ。そして、日本にいる両親にも見せてあげたいと激しく思ったのである。

さんざん吟味したあと、テーブルクロスを一枚買って、実家に送った。ぼくは買い物の満足感というものを、おそらくこの旅ではじめて味わい、これも〝旅〟なんだと感じた。

それで味をしめ、異国情緒あふれるものをもっともっと購入していこうと考えたのだが、しかしけっきょく、七年半のあいだに買ったものはほんのわずかだった。とくに自分のために購入したものとなると、このグアテマラの織物と、あとひとつだけ。

木彫りのカバである。

ぼくはそれを南アフリカの町、ケープタウンの路上で買った。握りこぶしをふたつ合わせたぐらいの大きさで、美しいカーブによってカバのフォルムをみごとに表している。表面はツルツルして光沢があり、手触りがとても気持ちいい。

アフリカは土産物屋をのぞけば、たいてい木彫りがある。だから一年以上もこの大陸にいたぼくにとっては珍しくもなんともないものだったが、ケープタウンの路上に並べられたそのカバを見たときは、どういうわけか足がとまった。買うつもりなんてぜんぜんなかった。

でもなんとなく聞いてみた。

「手にとってみてもいい？」

おじさんはやさしい笑顔でうなずいた。

持った瞬間、おや？　と思った。ずっしりと重い。まるで石みたいだ。しかも黒檀のように硬くて、表面が陶器のように光っている。職人が丹念に磨いている様子が頭に浮かんだ。

「いくら？」

おじさんは予想よりも安い値段を言った。

「もう少し安くならない？」

この台詞《せりふ》は反射的に言ったものだが、彼は一割ほど値段を下げてくれた。

いつもならさらに安い値段を言って値段交渉を進めるのだが、このときぼくは自分でも意外なくらいに、そのカバをすんなり買った。そして満足した。

あとになればなるほど、これは自分にとってどうしても手に入れておかなければならないものだったのだと思えてきた。ぼくはアフリカが大好きだった。うだるような熱気に、大地の上を走る子どもたち。サバンナの草原に立つキリンの群れ。ハエのたかる屋台のメシ。アフリカ人たちの体臭。酒場でいっしょに騒いだおじさんたち……。それらへのいとおしさは、この大陸の最終地、ケープタウンに来てからますます強まっていた。このカバを買った四日後に、ぼくはヨーロッパへのフライトを控えていたのだ。

いまになって思う。

織物にしても、木彫りのカバにしても、商品そのものがどうしても欲しかったのではなく、ぼくはその土地の空気を持って帰り、気が向いたときに、それに触れたかったのだと。

いま、そのカバはぼくの実家の玄関先に置かれている。そして帰省するたびに、そのツルツルした表面をなで、やわらかい気持ちになる。

［第三章］

世界一の景観

世界一の大峡谷

カナダの人里離れた地域を走っていたときのことだ。

カーブを曲がったところで、ハッと急ブレーキをかけた。巨大な岩が、道の両側に垂直にそそり立っている。山が氷河によって削られた谷——U字峡谷だ。

「すげえ……」

カナダのスケールにはまったく圧倒されてしまう。こんな景色が観光地にもなっておらず、あたりまえのように広がっているのだから。

時計を見ると午後三時。まだ早いな、とちょっと思ったが、ふたたび岩山を見上げ、ま、いいや、と自転車から降りた。それから荷物をおろして草むらにテントを張った。

いい景色は、ただ見たり、写真に撮ったりするだけではもの足りない。もっともっと自分に焼きつけたいと思う。そのためにこんなことをやるのだ。

まずバッグからコンロを取り出し、鍋を火にかける。ゴーッというバーナーの音を聴きながら景色をのんびりと眺める。

火をとめると、谷にフッと静寂が訪れる。布フィルターにコーヒーを入れ、それをカップにのせて少し湯を注ぐ。香りが膝元からたちあがってくる。コーヒーをむらしながら、目の前の絶景をふたたび仰ぎ見る。

また少し湯を注ぐ。カップに液体が落ちはじめる。ポタポタという音を聴きながらふたたび目は峡谷へ。顔を上げるたびに、景色がちがって見えるからおもしろい。

谷を見ながらコーヒーを飲む。熱が体内に広がっていく。そのとき、目の前の景色も体に染み込んでくるように感じられる。景色があらためて大きく見え、大地のスケールを体感しているような気になってくる。

夜になり、晩飯を食べたあと、またコーヒーをいれる。

熱と香りは、星空の下の巨大な水墨画を、ふたたびぼくの隅々にまで広げていく。


どうもぼくは峡谷フェチらしい。

もちろん山も好きだが、でも凸の英雄然としたところより、凹の控えめで怪しいムードのほうに惹かれてしまう。

それに、谷はどれだけ見ていても飽きない気がする。山は最初に目に飛び込んできたときのインパクトは強いが、案外あっという間に視覚が麻痺するものだ。

谷といえば、アメリカ、カリフォルニア州の「ヨセミテ」は有名だが、ここはじっさいすごい。垂直の岩壁は大津波を思わせるように巨大で、その峡谷のなかには、ドーム型をした形のいい岩や、白い糸を引く滝が、箱庭のようにおさまり、それらを一望のもとに見わたすことができる。アクセスの良さもあって、観光客は多いけれど、まわりにいる人たちの存在を完全に忘れてしまうほどぼくは景色に吸い込まれた。期待が大きかった場所で、感動がそれをうわまわった数少ないところだ。

しかしぼくのなかで峡谷の大本命は、やはりなんといってもあそこだった。

「世界一すごい宝を見つけてやろう」

といった思いを胸にこの旅ははじまったのだが、旅に出る前にその〝宝〟として真っ先に思い描くのが、この「グランド・キャニオン」だった。なんたって長さ四六〇キロ、最も深いところで高低差千八百メートルの大峡谷である。ガキのころから『地図帳』にのっている小さな写真を眺めては、実物を前にして言葉を失っている自分を空想していたのだ。

そんな思い入れもあって、グランド・キャニオンに到達する日は足に力が入り、調子にのってぶっ飛ばした。おかげで予定の時刻よりも早く着きそうになった。これはいけない。グランド・キャニオンは夕方に見るのがいちばんなのだ。

ほとんどの観光でいえるのではないかと思うのだが、最も感動が大きいのは、それが目に飛び込んできた瞬間、最初のインパクトだ。ならばその最高の瞬間に、最高のシチュエーシヨン、つまり夕暮れどきに〝お宝〟と対面したいではないか。

　というわけで、ぼくは展望台の五キロほど手前で自転車をとめ、なんの変哲もない木をスケッチしながら時間をつぶすことにした。

　そのうちしだいに西日が傾き、影が長くなってきた。

「そろそろ行くか……」

　地平線の向こうを見ながら、スケッチブックをバッグにしまい、自転車にまたがった。赤茶けた大地がゆっくりと動きはじめる。

　なだらかな坂がはじまった。ひとこぎひとこぎかみしめるようにのぼっていく。

　やがて坂の先に、石の塔が見えてきた。人がたくさんいる。おそらく展望台だろう。グランド・キャニオンはあそこだ。わは。見るんや。ほんまにこの目で見るんや。くくく。来た、出るぞ、出るぞ……。

　出たあああ！

「……え？」

　目の前に広がったのは、どこか別の峡谷だった。谷底や川がすぐそこに見えていて、なんじゃこりゃ？　はは、浅い浅い。グランド・キャニオンはこんなもんやない。どうやら道をまちがえたらしい。はは、まったくとんだ大ボケだぜ。そもそもこんな旅をしているくせに、ぼくはすごい方向音痴なのだ。はっはっは。は。は。

「…………」

なんか、へんだ。バッグから地図を取り出し、広げてみた。ここまでずっと一本道である。これでは迷いようがないではないか。あらためてまわりを見わたしてみた。たくさんの観客が晴れやかな顔で、バシバシ写真を撮っているのである。

「ま、まさか……」

まさかのまさか。目の前のなんかようわからん谷がグランド・キャニオンなのだった。

「なんやこのショボさはあああ！」

ぼくの心は千々に乱れた。ちがうちがう、こんなんやない、ぼくが長年頭に描いてきたものは、地球崩壊が瞬時に静止したような大スペクタクルなのだ。バックリ口をあけた魔界への入り口なのだ。なのに何これ？　めっちゃ浅いやないか。それにたんに大地がガシャガシャ崩れているだけやないか。って、まあそりゃそうなんだろうけど、でも景色全体もこぢんまりしていて、これってほんとに四六〇キロの大峡谷なの？

と、すべてにおいて受け入れがたいものだったのだが、しかしよくよく考えてみると、長さ四六〇キロといっても、谷は複雑に曲がりくねっているわけで、そのほんの一部しか見えないのはとうぜんだった。谷の深さにしたって、もっとすごい場所はほかにあるのかもしれない。と、残りのビューポイントをかたっぱしからまわってみたが、どこも印象はたいして変わらなかった。それに何よりも、ぼくにはこの峡谷が少しも美しいと思えなかったのだ。無節操に大地が削られているだけで、艶っぽいところがまるで感じられなかった。

虚脱感に覆われながら、国立公園内のキャンプ場にテントを張り、メシを食ったあとはさっさと寝袋にくるまった。明日になったら早々に出てやる——。

しかし翌朝、テントのまわりが明るくなってくると、長年の夢だった場所をこのまま終わらせるのも寂しい気がしてきた。そこでちょっと考えたあと、ぼくは無理やりにでも感動しようと、あることを試みた。

谷底には二十億年前の地層が広がっているといわれている。恐竜がいた時代よりもはるかに昔、細菌などがようやく現れはじめた「先カンブリア時代」の層だ。そんな場所でしばらく仙人のような暮らしをし、日々瞑想でもすれば、自分はもしかしたら新たなステージに進めるんやないやろか？

というわけでザックにテントと五日分の食料をつめ込み、一八〇〇メートル下の谷底へと歩いておりていった。すると地底には、

「うおおおっ！」

なんと、レストランがあった。石づくりの立派なやつが、二十億年前の地層に囲まれてデ

ン、と鎮座していた。しかもその前にはピクニック広場のようなものがあり、おおぜいの親子連れやカップルがおしゃべりやバドミントンに興じているのだ。いやあ、にぎやかでいいなあ。さすが先カンブリア時代。

「って、なんでやねん！」

こんなところで何を悟ればええんや……とぼくはワナワナ震えながら、とりあえず地底で一泊し、その翌日には残り四日分の重い食料を背負って、ふたたび地上に這い上がったのだった。

このように、あこがれの大峡谷はさんざんだったのだけれど、しかしこれは旅の典型パターンになってしまった。ぼくはどうやら思い込みが激しいようで、なんでも過剰に期待してしまうところがある。でも現実は想像にはそうそう勝てない。この旅で楽しみにしていたところは、いざその場に行ってみるとイメージよりもはるかに小さく、観光客だらけで、「なんじゃこりゃ？」と気抜けするパターンがほとんどだったのだ。

ほかに大峡谷といえば、アフリカのナミビアに「フィッシュリバー・キャニオン」というのがある。ここにはとくに期待していなかったせいか、なかなか楽しめた。何より観光客が少なく、景色にゆっくり浸れるのがいい。ただしグランド・キャニオンと比べるとどうしても規模は劣る。

では、ぼくが〝世界一〟に推す大峡谷はというと、メキシコにある「バランカ・デル・コブレ」だ。グランド・キャニオンのじつに四倍の大きさを誇るという。

ここにはタラウマラ人という先住民が住んでいる。いまでも狩猟と採集をおこないながら、夏は峡谷の上の涼しいところに住み、冬になると谷の底におりるという生活をしているらしい。そんな彼らに会うのもひそかな楽しみだった。

そこの観光拠点となる村で、ロレンスという十九歳のイギリス人旅行者と知り合った。あごひげを黒々とたくわえ、顔面の下半分がタワシ、といった顔で、そのくせ目は金魚のようにぱっちり、というかなり濃いマスクの男だ。背が低くて、子どものようにちょこちょこと歩く。ぼくたちはふたり並んでバランカ・デル・コブレの展望台を目指していた。

「はあ」

とロレンスは歩きながらため息をついた。

「恋をしたよ」

ぼくは彼の横顔をまじまじと見つめた。ロレンスは熱に浮かされたような目で宙を見ている。そして聞いてもいないのに情感たっぷりに語りはじめた。

「ここに来る汽車のなかでメキシコ人の女性と向かい合わせに座ったんだ。とてもキュートな子でね。ぼくは彼女を見た瞬間からドキドキしていたよ。そしたら彼女もぼくに気があるみたいなんだ。だって目が合うとはにかむんだぜ」

ずっと男子校に通っていた彼は、これまで十九年間、恋愛と呼べる経験はしたことがないらしい。

そうこうしているうちに展望台に着いた。眼下にはぱっくりと、谷。

「うーん……」

やはり期待ほど大きくはない。それに谷全体が緑に覆われているため、ふつうの山肌がただ連なっているだけのように見える。しかしロレンスはうっとりした表情で、ひげの奥からはあ、とため息をつき、つぶやくのである。

「エクセレント……」

これのどこがやねん、と口から出かけたが、こらえた。いまの彼には世界は輝きに満ちているにちがいない。

そこから左手のはるか先のほうにひときわ高い崖が見えていた。とろんとした金魚目で飽きもせず谷を眺めているロレンスに、

「じゃあ、ここで」

とぼくは言い残し、その崖に向かおうとした。するとロレンスもちょこちょこついてくるではないか。

「ユースケ、ぼくも行くよ、なんだか歩きたい気分なんだ」

ああ、静かに景色を眺めたいのにな、と思ったが、断るのも悪い。ぼくたちは並んで歩きだした。恋とはなんだろうなユースケ、とロレンスがおそろしいことを言った。はあ、とぼくもため息をついた。

森のなかは観光用に整備された様子がまったくなく、けもの道のような踏み跡がついているだけだった。もしかしたらタラウマラ人たちのものかもしれない。

ロレンスはさんざんしゃべりちらかしたあと、気がすんだのか、ぼくのうしろにまわり、黙って歩きはじめた。少しホッとしたが、静かだったのは最初だけで、そのうち自然界にはない音が聞こえてきた。振り返ると、ロレンスが口笛を吹きながら森の精霊たちとたわむれている。ぼくはスタスタ先へ急いだ。

二時間ほど歩いただろうか。前方で木々が途切れ、白く光っているのが見えた。あそこが谷だな。と直感するのと同時に、ぼくはほとんど無意識に走りだした。

森を抜けると一気に視界が開けた。

「あ……」

体ごとふわり、と空に飛び出したような気分だった。ぼくは切り立った崖の突端に立ち、眼下に広がった巨大な世界を見下ろしていた。

地表は見わたすかぎりえぐりとられ、岩の稜線は下へ下へと向かっていた。その稜線たちは内臓のひだのように何層にも折り重なって、はるか遠くの地平線まで延々とつづいていた。そしてそのすべてが青い色に染まっているのだった。まるで世界全体が、上空一万メートルぐらいのところに浮かんで、大気に溶けているかのように。

ぼくが立ち尽くしていると、うしろからロレンスの足音が聞こえてきた。そっちを見ると、彼もぼくと同じように口をぽかんとあけ、目を見開いている。エクセレントもゴージャスもグレイトも彼の口からは出なかった。ただ茫然と目の前の景色に見入っていた。

そこから左手のほうに集落らしきものが見えた。そっちのほうへ歩いていくと、木と石を組んでつくった簡素な家がぽつぽつと建っていた。タラウマラ人の村だ。

村に入っていくと、少年たちがヤギを追っているのが目に入った。木陰ではカラフルな民族衣装を着た女性たちが、籐《とう》カゴのようなものを編んでいる。頭に巻いたスカーフが風に揺れていた。家の煙突からは白い煙がたちのぼり、それが静かにたなびいている。あたり一帯が、高原の空気に包まれているのである。

そして、村のどこからでも、バランカ・デル・コブレの驚異的な景観を望むことができた。これを眺めながら毎日を過ごすというのは、いったいどういう感覚なのだろうか……。

最寄りの町まで、森を抜けて二時間はかかる。なぜ彼らはこんな不便なところにいまも住

あの〝地平線〟まで何キロあるんだろう、とぼんやり考えていました。

みつづけるのか。なぜ押し寄せる文明に組み入れられることなく、昔の生活を守ることができるのか。彼らに会って何か聞ければいいな、と漠然と考えていたのだが、ここに来てからはそのような疑問自体が雲散霧消した。天上界のような峡谷と、タラウマラの人々と村、それらはひとつに溶け合って、わかちがたい世界をつくっている。そんなふうに感じられた。

ぼくはテントや寝袋を持ってこなかったことを激しく悔やんだ。ここで、一日でもいいから彼らと同じように、谷から日が昇るのを見て、そして日が沈むのを見たかった。

さすがのロレンスもすっかり静かになっていた。彼の頭のなかを占めていた初恋の女性も、いまは谷の奥深くに沈んでいるのかもしれない。

世界一の巨大滝

世界三大瀑布というのがある。

ひとつはカナダとアメリカにまたがる「ナイアガラの滝」、もうひとつは南米、アルゼンチンとブラジルにまたがる「イグアスの滝」、そして三つ目はアフリカ、ジンバブエとザンビアにまたがる「ヴィクトリアの滝」である。

ぼくはナイアガラを見ていない。だからなんともいえないのだけれど、旅人から聞く話を総合すれば、ナイアガラはほかのふたつと比べると〝子どもだまし〟らしい。ルーズベルト大統領の奥さんがイグアスを訪れたとき、「おお、かわいそうな私のナイアガラ」と言ったとか、言わないとか。

数字を見てもその差は歴然。ナイアガラの幅が九〇〇メートルなのに対し、イグアスはその四倍以上の四〇〇〇メートル。最大落差もナイアガラが五五メートルで、イグアスは八三メートル。

そのイグアスの滝だが、ここはたしかに圧巻である。滝つぼの近くまで行くと激しい風をまともに食らい、吹き飛ばされるような気分になる。ゴゴゴゴゴという地響きのような音がうるさくて会話もまともにできない。

一方、そこからずっと離れて、高台のほうに行き、展望台に立つと、ジャングルが崩れ落ちて白い糸が何万本も垂れ下がっているさまが一望にできる。ここばかりはどれだけ期待が大きくても、がっかりすることはないんじゃないだろうか。ぼくは長いあいだ展望台にとどまり、とりつかれたように滝を見ていた。

と、そこへ、

「すごい、すごい」

という声。見ると日本人のツアー客だ。

「すごい、すごい、すごーい」

よくよく聞いていると、さっきからみんな「すごい」しか言っていない。

たしかにこの展望台に立つと、ほかの言葉はちょっと出てこないかもな、という気がする。

この四年後に、ぼくはエジプトの「バフレイヤオアシス（通称「白砂漠」）」というところに行くのだが、そこではこんなことがあった。

その砂漠へは自力で行くことが難しかったので、同じ宿にいた日本人旅行者六人でツアーに参加した。

丘の上にのぼると、大地から白い岩がたくさん突き出ているのが見えた。

そこで現地人のガイドがおどけて、

「スゴイスゴイ！」

と言った。

ここに来る日本人が一様にそう言うのだろう。ただ、そのガイドの言い方が人を小バカにしたような感じだったのでちょっとムッとし、反発したい気分になったのだが、それにもかかわらず、ぼくたち六人もひたすら「スゴイ」しか言えなかったのだ。

こういうとき、英語は便利だなと思う。「スゴイ」だけでもgood、excellent、fantastic、

wonderful、great、cool、marvelous……といくらでもあるんだから。

一方、アフリカのヴィクトリアの滝はどうか。こちらも「スゴイ」のだが、スケールでいえばイグアスにはちょっと及ばない。ヴィクトリアは最大落差が一〇五メートルと、イグアスよりも高いが、幅は一七〇〇メートルとイグアスの半分以下だ。

ただ、ここには最高のアトラクションがある。

五月から十月にかけての乾季には、滝のてっぺんに立つことができ、足元から落ちる水を、真上から望むことができるのだ。

ヴィクトリアの滝が〝滝〟になる前は、幅約二キロの巨大な川で、水はゆっくり流れている。大きな川だから水深もそれなりにあるのだが、水が滝になって落ちる寸前で、川は急に浅くなる。水が岩盤の上を、くるぶしが浸かるぐらいの深さでとろとろと流れるようになるのだ。そこを伝っていけば、川の真ん中あたりまでわけもなく行けるのである。

その滝のてっぺんには、水面から顔を出した岩がいくつかある。そこに座っておそるおそる下をのぞくと、ゆるやかに流れていた大量の水が突然表情を変え、土砂崩れのようにものすごい勢いで落下しているのが見える。水しぶきが霧のように舞い上がり、虹が二本も三本もかかっている。

何度も下をのぞいてはすぐに首を引っ込め、ここでもやはりあほうのように「すげーっ！」を連発するしかなかったのだった。

世界一の遺跡

石の階段はとんでもない勾配だった。

手をつきながらでないと、とてものぼれそうにない。階段から落ちて亡くなった観光客が何人かいると聞いたが、それもまああるだろうなと思う。

熱帯の太陽が真上から照りつけてくる。汗がぼたぼたと石段に落ちていく。途中で立ちどまり、顔を上げた。白い石の神殿が、空に浮かんでいるように見える。

メキシコ、ウシュマル遺跡。

広大な敷地の一角に、「魔法使いのピラミッド」がそびえている。世界的にも珍しい、丸みを帯びたピラミッドだ。遠くから見ると、女性的で優雅な印象を受けるけれど、いったんのぼりはじめると一転、険しい表情になる。

高さ三八メートルの頂上にようやくたどりつくと、爽快な風が顔に吹きつけた。ジャングルが地平線の果てまで広がっている。

頂上には巨大な棺《ひつぎ》のようなものがあった。壁一面に、立体パズルのような石の彫刻がはめ込まれている。プウク式という、マヤ特有の建築様式だ。そのゴチャゴチャした幾何学模様の彫刻を見ているうちに、迷宮のなかをさまよっているような、ふらふらした気分になってきた。

遠くに目を移す。海のような緑が、眼下一面に広がっており、ここがジャングルから突き出た高所なのだということにあらためて気づかされる。なんと異様な空間に自分はいるのだろう。そう実感し、ざわざわと鳥肌が立つ。

メキシコは遺跡の宝庫である。

なかでもマヤ遺跡がいい。それらはたいていジャングルのなかにひっそりとたたずんでおり、石の神殿の白と、熱帯雨林の緑が溶け合った、まさに神秘的というのにふさわしい調和を見せている。

マヤ遺跡はユカタン半島一帯に数多く散らばっている。先の「ウシュマル」をはじめ、「パレンケ」「チチェンイツァー」「トゥルム」などをかたっぱしから訪れ、旅は京都の古刹《こさつ》探訪のような雰囲気になってきた。

そしてグアテマラに入ったところで、ぼくはとうとう〝最高峰〟に出会ったのだ。

悪路にハンドルをとられ、パンクをくりかえし、泥んこになりながら、ジャングルのなかを突き進むことまる二日。ようやくその遺跡「ティカル」にたどりついた。

日の出前に遺跡を訪れた。

朝もやが世界を白く覆っていた。ジャングルの木々が、幽霊の群れのように、乳白色のもやのなかにぼんやり浮かんでいる。

歩道を奥へ奥へと歩いていくと、つぎつぎにピラミッドが現れた。それらは、まるで潜水艦が浮上するように、まず、もやのなかにうっすらと巨大な影を浮かべる。それから徐々に輪郭をはっきりと見せはじめる。そうして現れたピラミッドは、ロケットのように細長い形をしていて、どこかなまめかしい。よそ見をしていると、少し動いていそうなぐらいに。

ほかのマヤ遺跡と同様、十世紀前後に人間はここからいなくなる。なぜなのかはまだはっきり解明されていない。そのあたりの謎に思いをはせながら、ジャングルのなかを歩く。白いもやが意思を持ったエクトプラズムのように形を変えながら、ぼくのまわりを漂っている。

ピラミッドのひとつ、最も高い四号神殿にのぼった。

高さ七〇メートルの頂上に着くと、やはり真っ白で何も見えなかった。雲のなかにいるみたいだ。そのまま横になり、ひと眠りした。

メキシコのウシュマル遺跡。いまはのぼれなくなったそうです。

周囲がざわめきはじめた。慌てて跳ね起きると、ちょうど朝もやが晴れていくところだった。と同時に、もやの向こうから、眼下の世界が見えはじめ、「うわ、うわ、うわわわ！」とすさまじい興奮が押し寄せてきた。

大地は三六〇度、びっしりとジャングルに覆われていた。緑の海はブロッコリーを敷きつめたようにもこもこしており、それが地平線のはるかかなたまで、延々と広がっていた。そしてその海のあちこちからは、ピラミッドの白い頂《いただき》が、ぽつんぽつんと飛び出しているのである。まるで海に没した摩天楼が、その頂上だけを、海面から出しているように。

緑の大海原の上を、雲の影がゆっくりと流れていた。鳥や獣の鳴き声が、まるで動物園のように四方八方から聞こえてくる。色の派手な鳥たちが、ジャングルの海の上を軽やかに飛びまわっていた。その様子を、鳥たちよりもさらに高いところから見下ろしていると、自分が鳥の目線で空を滑空し、ジャングルを見ているような気分になってきた。

ぼくはそのピラミッドの上で三時間ほど過ごし、呆《ほう》けたように景色を眺めつづけた。心に染みてくるこの感じはなんだろう、と思った。なぜこんなに気持ちいいんだろう。

そのうち、ふと、自分はここを知っているんじゃないかと思った。ずっと以前に、もしかしたら自分が生まれるよりもはるか前に、この景色を見たことがあるんじゃないか、という気がしてきたのだ。

このティカルに出会ったのが、旅の一年目である。あるいは、それは不幸なことだったのかもしれないな、とも思う。なぜならそれから訪れる遺跡を、つねにティカルと比較してしまったからだ。

南米ペルーのインカ遺跡「マチュピチュ」は、グランド・キャニオンに並ぶ、この旅の最大の目的地だった。ティカルをしのぐものはここしかないだろうと思っていた。ぼくはグランド・キャニオンでの失敗も忘れ、遠足前の子どものように胸をふくらませてこの遺跡を訪れた。

そして展望台に立った瞬間、

「え？」

と、二秒ほど沈黙、それからあたりを見まわして、

「で、マチュピチュはどこや？」

と思った。

しかしほかにめぼしい遺跡はなく、大パノラマで広がったアンデス山脈の、ほんの一部にシミのようについているちっこい廃墟がマチュピチュなのだった。

「な、なんじゃこりゃ……」

日本の某ガイドブックを恨まずにはいられなかった。そこには《一万人はゆうに住んでい

たと思われる古代都市》などと紹介されていたからだ。切り立った山の上に一万人！　そいつはすげえ！　とぼくはとんでもないものを想像していたのだ。

ところが目の前のマチュピチュは〝都市〟などからはほど遠かった。規模で言えば〝村〟だ。それもごくごく小さな村だ。ほかの資料をあさってみると、じっさいの人口は千人を割る程度だったらしい。それならわかる。

南米にはほかにもたくさんの遺跡があり、その多くが謎めいていてなかなかおもしろい。しかしメキシコおよび中米のマヤ遺跡群から受けたインパクトにはちょっと及ばなかった。それはひとつに、南米の遺跡の多くは乾いた荒野のなかにあるからだろう。そのため遺跡自体もどうしても荒涼とした雰囲気に包まれてしまう。

一方のマヤ遺跡はジャングルのなかにあるために、潤いがある。遺跡たちはいまもなお生きているという感じがして、見ているとうっとり甘い心地にさせてくれるのである。

それからヨーロッパ、アフリカと走っていくのだが、次に琴線に触れる遺跡と出会うのは、旅の終盤、中東に入ってからだ。

まずはヨルダンの「ペトラ」を訪れた。

遺跡の宝庫、中東のなかでも、そのナンバーワンがペトラだ、といった話を、南米にいたとき、ある旅人から聞いた。ぼくは彼の話に興味深く耳を傾けながら、ティカルをしのぐのはそこかもしれないなと漠然と考えていた。

それからじつに四年という月日と、六万キロという距離を経て、ようやくペトラにたどりついたのである。いやでも期待は高まってくる。三十米ドルという、このあたりの物価からは破格に高い入場料を払い、ドキドキしながら入った。

ゲートをくぐると、岩の裂け目のような渓谷のなかを歩いていく。自分の左右にはピンクがかった岩壁がそそり立っていて、まるで巨大な空間アートだ。

やがてそのピンクの壁のすきまから、遺跡の柱の一部が見えてきた。自然と早足になる。間もなくテラスのような空間が広がり、遺跡の全景が現れた。

「ほう」

たしかにすごい。というより、なんだか異様な感じだ。ローマ建築の美術館のような建物が、巨大な岩壁のなかにボコッと埋め込まれている。その外観だけでも驚きだが、ここにはもうひとつ、ほかの遺跡にはない特徴があった。

じつはこの遺跡は建てられたものではなく、〝彫られた〟ものなのだ。岩山を削り、くりぬき、形を浮き彫りにして、つくられたものなのである。しかしそんなふうにはとても見えない。コリント式の巨大な柱が並び、複数の部屋があり、つい見入ってしまうほど華麗なレリーフがあちこちに施されている。しかもこれがつくられたのは二千年も前なのである。

でも、なんだろう。古代の人々のその驚異的な仕事ぶりにはため息がこぼれるのだけれど、肝心の遺跡そのものにはどうも酔えなかった。言ってはなんだけど、巨大な張りぼてを見ているみたいなのだ。

本来、柱は屋根を支えるもの。しかしここにあるのは岩を削って柱に似せただけの、いわば〝装飾〟だ。柱は機能として生きていないのだ。そのため、この神殿は建物というよりは、どうしても彫刻に見えるのである。だからとうぜん生活のにおいもない。

ペトラ内にはほかにもたくさんの建物、あるいは彫刻があるのだが、どれもがやはり張りぼてに見えてしまった。おかげで人の暮らしがここで営まれていたという実感はどうしても得られず、遺跡からは〝ドラマ〟のようなものを感じられなかったのだ。


消化不良な思いを抱えたまま、次に訪れたのがエジプトのピラミッドだった。

例のごとく、ピラミッドは想像していたものと比べてずいぶん小さかった。スフィンクスなどは見えた瞬間、ミニチュアか？　と思ったぐらいだ。

だいたい、テレビやパンフレットなどで目にする映像や写真は、できるかぎり最高のショットで撮られているわけで、こっちはそれを見てイメージを広げるものだから、想像はますます実像からかけ離れていく。おまけにこのピラミッドも例によって観光客だらけで、ムードもへったくれもないのだ。

ただ、その状況ははじめから予想していたので、ぼくはある作戦を立ててきていた。首都のカイロからピラミッドまでは約二〇キロ。いつでも気軽に観にいける距離だが、ぼくはカイロに着いてからも、すぐにそこへは行かず、チャイ屋でお茶をしながら本を読んだり、博物館に行ったりして時間をつぶしていた。月が満月になるのを待っていたのだ。

その日は十日後にやってきた。

日が暮れかかるころ、ピラミッドのまわりにいた観光客たちはぞろぞろと出口へと移動しはじめた。五時にゲートが閉まるのだ。しかしぼくは人々のその流れに逆らうように、砂漠の奥へと移動し、小さな砂丘の裏に寝そべって隠れた。

夕陽が沈むと同時に、反対側の地平線から、血に染まったような真っ赤な月が、ボッと火がついたように昇り、わわ、と体がぞくぞくしてきた。ピラミッドと、砂漠と、赤い月。これ以上何が必要だろうという気がした。

やがて暗くなり、人気が消えたところで、砂丘の裏から出て、ピラミッドの前まで歩いていった。そして砂漠の上に横になって、ひとりで月見をした。

砂漠で見る月は明るい。鱗粉《りんぷん》をまいたように夜空が青く輝いている。そこに三角の巨大なシルエットが浮かんでいた。ふしぎなことに、ピラミッドは昼間よりもはるかに大きく、そしてはるかになめらかで美しく見えた。

こんなにも見え方が変わるのか、と感嘆の思いで眺めていると、ふと、黒い影になったピラミッドがこっちを見ているんじゃないかというイメージがわいた。そしてここに四千年も建っているのだということをあらためて思った。するとその四千年という時間がへんなぐあいに、わずかな間のように感じられはじめ、とたんに空想が宙を舞い、つくられた当時のことに思いが及んだ。石材が砂漠の上を延々と運ばれていく様子がはっきりと浮かんだ。それを空から見ている自分。そんな空想が次から次へと、気味が悪いほど鮮明に広がり、ぼくは時間を忘れて、夜のピラミッドの前にずっと寝転がっていたのである。

次に訪れたのがシリアの「パルミラ」だ。ペトラと比べるといまひとつ、という話を何度も耳にしていただけに期待はしていなかった。

しかし人の評価などやはりあてにならないのだ（だから本書もあてにしないでほしい）。

その一帯は何もない砂漠で、たまに現れる集落をのぞけば、ひたすら砂の海が広がっている。そんな世界を三日走ると、褐色の地平線に妙なものが見えてきた。細い棒状のものが大量に——五十本以上はあるだろうか——地面から突き出しているのだ。まるでツクシの群生のように。

それが遺跡の列柱だとわかった瞬間、これから自分はとんでもないものを目にするのだ、と思った。

そのうち、柱の一本一本が大きくなり、自転車に合わせて砂漠の上をゆっくりと流れていった。そして入り口に着き、チケットを買ってなかに入ったときは、もう完全に別世界へとトリップしていた。

巨大な柱がずらりと並ぶ大通りに、入り組んで伸びる小路、あちこちに散らばる神殿に円形劇場、エトセトラ。そのなかをゆらゆらと歩きながら、なんて艶っぽい町だろう、とぼくは感心しきっていた。シルクロードの要衝として栄えた二千年前の、豪華絢爛たる都市の姿が目の前に浮かんでくるようなのだ。さらには当時の往来までが聞こえてきそうなのである。

何よりも露骨に修復されていないのがいい。朽ちた様子が、気の遠くなるような時間をしのばせてくれる。町が生きたまま死んでいるのだ、と思った。ここにはたくさんの亡霊がまだ住んでいるのだ。

夕方になると、柱という柱が黄金色に輝きはじめた。徐々に色が変わっていくさまを眺めながら、二千年という歳月をぼんやり思った。時間は、大河のようにゆったりと流れながら、しかし一瞬一瞬はすさまじい速さで過ぎているのだ――。

景色でも、芸術でも、音楽でも、そのよしあしを決めるのは〝ドラマ性〟じゃないかと思う。景色や絵画なら、見ているだけでその向こうに物語が浮かび上がってくるような、また音楽なら、聴いているだけで光景が広がっていくような、そんな奥行きのあるもの。夕暮れどきのパルミラや、満月のピラミッドは、まさにそれだったのである。

しかし、それらを見てもなお、完全に満足できない自分がいた。

まだティカルはうわまわっていない、もっとすごいものがどこかにあるはずや。そんな思いが意識の底のほうでくすぶっていた。

そして旅が終わる直前に、最後の望みをかけてたどりついたところが、カンボジアの「アンコールワット」だった。

九世紀から十五世紀にかけて栄えたアンコール王朝の遺跡群で、広大なエリアに八十もの寺院遺跡が散在している。一日ではとうていまわりきれないので三日券を買った。

ゲートをくぐって自転車をこいでいくと、さっそく真打ち「アンコールワット寺院」が遠くのほうに見えてくる。ギザギザした塔が五つ、ジャングルにそびえているさまはいかにも荘厳といった感じだが、遺跡に近づくにしたがい、落胆が広がっていった。まだ朝の早い時間だというのに、ここはディズニーランドか、と思うほどの人だかりなのだ。

自分も観光客のひとりだから文句は言えないが、と断っておいてから言うのだが、とくに遺跡は人が多いとどうしようもない。悠久の歴史に身を置き、世界に陶酔するという楽しみがすっかり奪われてしまう。

おまけにこのアンコールワット寺院は近くで見ると、コンクリートで修復された跡がやたらと目につき、ますますテーマパークのように見えてしまうのである。

ところが、このあとがすばらしかった。

アンコールワット寺院を出て、奥へ奥へとペダルをこいでいくと、ジャングルの向こうからつぎつぎに遺跡が現れる。その多くが密林のなかに埋もれ、朽ちた石段の上には草が生い茂っていた。草は人知れずサラサラと揺れている。

なかでもインパクトがあったのが「バイヨン」だ。木立のトンネルを抜け、それが突然現れたときは一瞬にしてテンションが跳ね上がり、

「出たあっ！」

とひとりで大声をあげてしまった。巨大で、鬼気せまるような雰囲気があった。まるで隕石が大量に降りそそぎ、積み重なってできた小山といった感じだ。

さらに、遺跡のなかに入り、回廊や部屋を抜けて最上階のテラスに出ると、ふしぎな光景が広がっていた。石でできた、高さ二メートルほどの菩薩の顔がそこらじゅうに立っている

のである。その数じつに五十。どの顔もほほえんでいる。テラスの縁に座り、それらをのんびりと眺めた。

熱帯エリアにあって、そのテラスのなかだけはなぜかひんやりしていた。遺跡のすぐ外側には深いジャングルが広がっており、木々からは白い蒸気のようなものが吐き出されている。それが石像のすぐ背後で、雲のように形を変えながらもくもくと動いていた。菩薩のほほえみも少しずつ変化しているようだった。そのうち視界がどんどん広がっていくのを感じた。つまらないことにとらわれすぎている、と自分でも思っていた。しかし心情として、「もっとすごいものを」と求める気持ちを抑えることができなかった。でも、あたりまえのことだけれど、この菩薩のほほえみと、ジャングルに浮かぶティカルのピラミッドは、どうしたって比較のしようがないのだ。

世界一の遺跡を探す旅に、ようやくここで終止符が打たれた。考えてみると、メキシコからはじまって、ここまでじつに六年間も、ぼくはひたすら実体のないものを追いつづけていたのかもしれない。

——と、ここで終わりたいところだけれど、そもそもこの本はあえてナンセンスをねらっているのだから、やはり徹底的に無粋にいこうと思う。すなわち、「わたくし的世界遺跡ランキング」。無理やり順位をつけてみると、こんなぐあいか。

五位　メキシコのウシュマル。
四位　夕暮れどき、柱の色を変えていく、シリアのパルミラ。
三位　満月の夜、シルエットになって浮かぶ、エジプトのピラミッド。
二位　早朝の朝もやに包まれる、カンボジアのバイヨン。
一位　朝もやが晴れて全景が見えてくる、グアテマラのティカル。

とくに遺跡はそうだと思うけれど、見るシチュエーションによってずいぶんと印象が変わる。遺跡の名前だけでなく、状況を書いているのはそのためだ。この瞬間に見ないかぎり、ぼくのなかでも順位はどんどん入れ替わっていくと思う。

期待に比べてじっさいに受けた感動が小さかったもの、つまり〝がっかり度〟が高かったマチュピチュも、「インカトレイル」という古代の道を三、四日かけて歩いたあとで遺跡に到達すると、すばらしい感動に出会えるらしい。〝ドラマ性〟は見る人の心的状態によっても大きく変わるということだろう。

だからつねづね、感動を得るためのこだわりを大切にしたいと思っている。そもそも、ぼくが旅の手段に自転車を選んだのも、そういうことなのだから。

世界一の星空

ペルーで強盗たちに装備品いっさいを奪われてから、間もないころの話である。

ぼくは首都のリマで旅の準備を一からはじめた。カードやパスポートの再発行を申請したり、装備品を買いそろえたりと、やらなければならないことはたくさんあった。

それらがひと段落し、気持ちが落ち着いてくると、やがて虚脱感に蝕《むしば》まれるようになった。銃口の感触が腹に残っていた。冷たくて、硬くて、相手の指のわずかな動きで自分がこの世からいなくなってしまう、その底冷えのする感覚が体から抜けなかった。またベッドに横になると、強盗たちの血走った目や、こっちに向かってくる足音がまざまざと脳裏によみがえってきて、心臓が早鐘を打ちはじめ、息苦しさで胸がつぶれそうな気分になった。

しかし、だからといって旅をやめることは考えられなかった。もしここで日本に帰ってしまったら、銃口の感触や強盗たちの眼光を、一生引きずっていくような気がしたからだ。

そうして事件から三十五日目。無理やりリマを発《た》ち、南へとこぎだした。

やがて町並みは消え、広大な砂漠が現れた。

なんとか出発したまではいいが、それで心のなかが劇的に変わるわけではなかった。ぼくはつねに物陰におびえながら走った。砂漠の先に建物が見えると、反射的に、あの向こうで誰かが自分を待ち伏せしているんじゃないか、と不安になり、体がこわばった。

このとき、隣にはMがいて、そのギャグには閉口させられながらも、彼のおかげでずいぶんと気がまぎれ、いっしょに出発してよかったとすなおに思えた。しかしそれでも、ぼくはつねに何かを恐れていた。

そんなトラウマを忘れることができたのは、再出発から一週間後、アンデス山脈越えに挑んだときだった。

標高六〇〇メートルのナスカから四三〇〇メートルまで一気にのぼり、それからアップダウンをくりかえしながら六七〇キロ先のクスコにいたるというルートだ。

途中から道は悪路になり、何度も自転車を降りて押さなければならなかった。さらに標高三〇〇〇メートルを超えると、空気中の酸素が薄くなるのが肌にはっきりと感じられ、自転車を押す手に力が入らなくなった。心臓が口から飛び出すんじゃないかと思うほど呼吸が苦しくなり、たまらず自転車ごと倒れ、空を見ながらハッハッハッと激しく息をする。

しかし、そうやってガムシャラになっているあいだは、強盗たちの鬼がとりついたような目を、すっかり意識の外に追いやることができた。

アンデス越えをはじめて四日目。急に視界が開け、道が平坦になった。「アルティプラーノ」と呼ばれる高原地帯だ。標高四〇〇〇メートル前後のところに、広大な平野が広がっているのである。

夕暮れどき、その大地に、石を組んでつくられた一軒の家が現れ、ちょっと驚いてしまった。よくこんな人気のない荒野に暮らせるものだ。

少し迷ったあと、ドアを叩いた。

木の板を張り合わせたそのドアが開き、おばさんが顔を出した。シルクハットのような南米特有の黒い帽子をかぶっている。

「自転車で旅をしている者ですが、今晩、ひと晩だけ泊めてくれませんか？」

厚かましいお願いで申し訳ないとは思うが、強盗事件から間もないいま、外にテントを張って寝る気にはどうしてもなれなかった。

おばさんは浅黒い顔にしわを浮かべてほほえみ、ぼくたちをなかに招き入れた。

地面がそのまま露出している床に、長イスとテーブルがあった。簡単な食堂をやっているようだ。

小さい子どもが四人いた。奥の部屋から顔をのぞかせ、突然の闖入者を珍しそうに眺めている。ぼくが「オラ（こんにちは）」と言うと、壁の向こうに引っ込んだ。しかしすぐにそ

アンデスは世界一長い山脈。地球一周の4分の1もあります。

泊めてくれた家族。標高4000メートルの世界は光がやけにまぶしい。

うっと顔を出す。みんなおとなしいが、目は好奇心で輝いている。

日没前、十六、七歳くらいの長女と、十二、三歳ぐらいの長男がリャマの群れを率いて帰ってきた。子どもたちは全部で六人と大家族だ。父親の姿は見えないが、もしかしたらどこかに出稼ぎにいっているのかもしれない。

子どもたちもおばさんも無口だったが、温かい眼差しをぼくたちに向けてくれた。夜は彼らとともに食卓を囲んだ。子どもたちははにかみながら、少しずつ、いろんな質問を投げかけてきた。どこから来たの？　どこまで行くの？　日本はどこにあるの？

そんな彼らの笑顔を、ぼくはどこかぽかんとした思いで見ていた。

治安の悪さをさんざん聞かされ、じっさい悲惨な目にも遭った。ぼくはペルー人に対して恐怖心を抱くようになった。〝ペルー人〟をひとくくりにしてとらえ、全員が野蛮であるようなイメージをどこかに持っていた。彼らは、自分たちとはまったく異なる、危険な人種なのだ、と。

だけど、そうじゃない。

たしかに文化も習慣も考え方もちがう。でもばかばかしいぐらいあたりまえの話だけれど、みんな同じように家族を持ち、同じように泣き、笑い、同じように悩みながら一日一日を過ごす、同じ人間なのだ。

夜もふけ、ぼくたちは食堂の地面にマットを敷いて寝た。隣の部屋から、子どもたちの寝息や寝言が聞こえてくる。それらの音が、静寂のなかに、くっきりと浮かんでいた。

夜中、目が覚めた。氷点下を切る寒さである。どうしてもトイレが近くなってしまう。

みんなを起こさないように静かにドアをあけた。

それから忍び足で外に出た瞬間、「あっ」と声をあげそうになった。

空一面に水晶をばらまいたような星が、いっせいにぼくの顔をめがけて降ってきた。星のひとつひとつが、まるで生きて瞬《まばた》きをしているかのように、チカチカと鋭くきらめいていた。

それはこれまで見てきたどの星空ともちがった。標高四〇〇〇メートルの高原は、頭上にさえぎるものがなく、おまけに地平線の近くの星までがくっきりと輝いていた。目の高さから天頂まで、まさしく三六〇度、まるで粉雪の降りしきるさなかに立っているように、ぼくはおびただしい星に囲まれていた。

身を切るような、とてつもない寒さだった。しかしぼくは空を仰いだまま、動けなかった。ただひたすら震えるような思いで、じっと星を見つめていた。

［第四章］

世界一の食べもの

世界一メシがうまい国

夕暮れ前、カザフスタンの東の端の町に着いた。

中国まではあと二〇キロだ。時間も遅いし、国境越えは明日にしたほうがいいかもしれない——と一瞬思ったのだが、ぼくはすぐにそれを打ち消し、何かに追い立てられるように中国に向かってぶっ飛ばした。

理由はただひとつ、中華料理だ。

自転車で旅をしていると、とにかく腹が減り、しだいに〝食う〟ことが旅の目的のようになってくる。そうでなくてもふだんから食い意地の張っているぼくにとって、中国での最大の関心ごとは一にも二にもメシだった。

暗くなる前になんとか国境を越え、中国に入ると、しばらく草原地帯がつづいた。やがて最初の町が現れ、そのなかに入っていったところで、わ、わ、わわわわわ、と一気にボルテージが上がり、

「来たあ！」

と心のなかで絶叫した。

食堂が道の両側にずらりと並び、そこかしこから白い煙がもくもくとあがり、カンカンシャーシャーとにぎやかな音が響いている。なんというエネルギーだろう。町全体が〝食〟に向かって驀進《ばくしん》しているといった感じだ。これまで走ってきたイランや中央アジアでは、逆にふしぎなぐらい食堂が少なかったので、中国のこの光景はなおさら異様に映った。

ぼくは興奮状態のサルと化し、歯を剝き出しにして、目についた食堂に入った。すると店の従業員とおぼしき四人の若者が、暇そうに客席でトランプをしている。全員が寝起きのようなうつろな目だ。

やべ、出よう。と思ったが、全員がいっせいにこっちを見たので機会を逸してしまった。ぼくは観念して席につき、ビール大ビンと麻辣豆腐《マーラートウフー》（肉なしの麻婆豆腐）を頼んだ。ふたつで六元、約九十円だ。

五分ぐらいで料理が出てきた。茶色のあんにからめられた豆腐が丼にてんこもりになって、ドロッと光っている。やっぱり失敗したな、と苦々しく思った。料理が来るのがいくらなんでも早すぎる。つくりおきのものを出してきたにちがいない。ふざけやがって。従業員の腑抜けた態度といい、よりにもよってひどい店に入ってしまったものだ。記念すべき最初の本場中華料理だというのに。

と内心ため息をつきながら、スプーンでひとさじすくい、口に入れると、

「は⁉」

前のめりになり、目の前の料理を凝視した。な、なんやこれ？　ソースの辛みと甘み、そしてコク、ピリッと光る山椒の苦み、そんなのが全部まじりあって淡白な豆腐の味をふくらませている。すごい。味がどんどん広がっていく。

何よりも驚いてしまったのは、閑古鳥の鳴いているようなこの店でこれほどの味を出していることだった。中華料理の深奥が垣間見《かいまみ》えたような気がしたのである。

その日からぼくの頭のなかは〝食〟一色に占められた。

自転車で走っているときも、朝目が覚めたときも、「さあ、何を食おうか」と考えている。一日走りきったあとで、ビールを飲み、アツアツの中華を食べていると、心底自分は幸せだと感じた。気がつくと、ひとりでメシを食べながら顔がゆるんでいるのだ。

元来ぼくは豆腐が大好きで、これまで旅してきた地域では食べられなかったこともあり、毎日狂ったように麻辣豆腐を食べた。シンプルさの向こうにちらりと顔をのぞかせる深い味わいにすっかり魅了されていた。

そんなある日のことだ。

いつものように晩メシに麻辣豆腐を食べたのだが、ちょっと足りなかったのでもう一品頼むことにした。

さすがに豆腐料理を二皿もつづけて食べる気にはなれず、何か別のものを頼もうと、メニューを開いた。漢字がずらりと並んでいる。名前からどういった料理なのかを想像するのも中華料理の楽しみのひとつだ。

《一青二白》という文字に目がとまった。

〝青〟はチンゲン菜で、〝白〟はイカだろうか？　〝二白〟というぐらいだからイカがたっぷり入ってるのかな？　そりゃうまそうだ。

ぼくはやってきたお姉さんにメニューを見せ、《一青二白》を差してニッとほほえんだ。

約十分後、目の前に現れた料理を見て、固まった。

一青……ネギ。

二白……たっぷりの豆腐。

ぼくはしばしそれを眺めながらビールを飲んだ。そのうちどうしようもなくおかしくなって、肩が震えてきた。従業員がへんな顔でこっちを見ているが、もうとまらない。ビールの酔いも手伝って、ぼくはひとり、涙を浮かべながら笑い、やっぱり幸せだなあ、としみじみ思ったのである。

「どこのメシがいちばんうまかった？」

という質問はよく受けるのだが、これに対するぼくの意見はかなり偏っている。なぜなら物価の高い国、たとえば西ヨーロッパなどではほとんど自炊でやり過ごしたからだ。

ときどきはレストランでも食べたが、西欧のメシはそれなりの値段を出さないとろくなものがない、というのが個人的な印象。フランス料理などとくにそうだ。

あるガイドブックにはこんなことが書かれていた。ミシュランの星レストランで食べる予算はないけれど、フランス料理に舌鼓を打ちたいという人は、大学の学食に行こう、と。

その文句を信じて、本にも紹介されていたパリの某大学にもぐりこみ、食べてみると、

「…………」

カクンと頭を垂れた。野菜スープは冷めているうえに、白湯のように味がなかった。パスタなんかは、丼の底に残ってひと晩置いておいたうどんのようにぶよぶよだ。日本の学食はひょっとしたらものすごくレベルが高いんじゃないだろうか、と思わぬ蒙を啓《ひら》かれた。

またローマでは、《ツーリストメニュー一万五〇〇〇リラ（約八百二十五円）》という看板に惹かれ、とある安レストランに入った。

最初にトマトのスパゲティが出てきた。ふた口で終わりそうな量だ。えっらい少ないな、とびっくりしたが、味はまあ悪くない。ところが次に出てきたメインディッシュを見たとき、ぼくは魚のように口をあけたまま、五秒ぐらい思考停止状態になった。

「何コレ？」

居酒屋の取り皿ぐらいの小さな皿に、小さなメンチカツが一個。つけあわせも何もない。だから盛りつけもへったくれもない。晩メシの残りものを皿にのせて、猫に「ほら食え」と出すような荒っぽさだ。しかもそのメンチカツたるや嘆息が出るほど美しい小判型である。かじってみるとやはり純然たる冷凍食品だった。

このあと、ひと口サイズのサラダと炭酸水が出てきておしまい。これはいったいなんの冗談か、と思った。

日記を読み返してみると、呪いの言葉が書き連ねてあり、最後に「炭酸水がいちばんうまかった」と記されていた。飢えたチャリダーの食の恨みはけっこうしつこいのだ。

ということでヨーロッパは除外して、ぼくの主観的「メシがいちばんうまい国」は、物価の安い国の〝大衆食〟が前提だ。

だけどひとつの国にしぼるのはやはり難しいので、三つあげようと思う。

まずはメキシコである。

とにかく最初に食べたタコスの味は衝撃的だった。ちなみにタコスとは肉や内臓などさまざまな具をトルティージャ（トウモロコシ粉や小麦粉で作られたクレープ状の素焼きパン）

で包んだものだ。

夕方、町を歩くと、そこかしこでジュウジュウと肉の焼ける音がする。白い煙が上がり、香ばしいにおいが漂っている。

その一軒をのぞくと、オヤジが顔じゅうに汗の玉を浮かべ、鉄板の上の肉をコテでかきまわしている。手は油でギトギトだ。客から注文が入ると、その手でお金を受け取り、またその手でトルティージャをわしづかみにし、肉をはさんで手渡ししている。日本の保健所の人が見たら卒倒しそうな衛生状況だろう。

メキシコに入った初日は、ぼくもその迫力にひるんでしまった。でも鉄板から漂ってくるうまそうなにおいにはとても抗しきれず、現地の人のやり方を真似しながら、タコスをひとつ注文した。

鉄板の前にはトッピング用の野菜——レタスやタマネギや香草など——がトレイに盛られている。それらを自分で好きなだけタコスに入れるわけだが、生野菜にはやはり抵抗があった。メキシコの衛生状況ははっきりいって悪い。生水は現地のメキシコ人も飲んでいないぐらいだ。

しかし思いきってその野菜をタコスにのせ、大口をあけてかぶりついてみると、

「‼」

目をカッと見開いた。シャリシャリのレタスとタマネギ、トマトの酢漬けの新鮮な酸味とピリ辛、アツアツの肉の歯ごたえ、あふれ出す肉汁、それらがトルティージャの持つ穀物特有の芳香に包まれ、ボンと口のなかで爆発する。なんやこれ？　とさらにひと口かじる。ボン。さらにひと口。ボン。うは、うは、うはははははははは！　ひいっひっひ、ああっはっはっは、と笑いがとまらなくなった。

しかも安い。三つか四つ食べれば、ふつうの人はお腹いっぱいになると思うが、それでだいたい百円だ。

ちなみにタコスは屋台やスタンドで売られているスナックである。軽食ではなく、ちゃんとした食事ということになると、さんざん世話になるのが「コミーダ・コリーダ」という定食だ。スープからはじまり、前菜、メイン、飲み物、そしてトルティージャらがついて二百円ぐらいからある。

最初これを食べたときは、まずスープのうまさに「お？」となった。コンソメのようなあっさりしたスープだが、素朴で澄んだ味わいの向こうに、午後の海がキラキラ光っているのが見えるようだった。

あるとき、四十度を超す暑さのなかを走っていると夏バテのような状態になった。体が重くなり、胸はムカムカして、胃のなかのものを全部吐き出したいような気分だった。

そんなとき、荒野に小さな村が現れた。ボロい食堂が一軒あったので、その前で自転車をとめた。食欲などまったくなかったが、何か食べなければガス欠で倒れてしまいそうである。ホコリだらけの店内に入って、朽ち木のようなイスに座り、コミーダ・コリーダを頼んだ。出てきたスープを見たとき、さらにぐったりとなった。ショウジョウバエのような小さなハエがぱらぱらぱらとふりかけのように入っていたのだ。

「おばさん、これ」

指で差してそう言うと、おばさんは無表情のままぼくのスープの皿にスプーンを入れ、あくを取るようにハエをすくって床に投げたあと、「まだ何か？」といった顔でこっちを見た。ぼくはため息をもらしつつ、備えつけのライムをふり、スプーンですくって無理やり口に流し込んだ。

「…………」

目の前のスープがみるみるうちに輝きだし、細胞のひとつひとつに養分が行きわたっていくようだった。ひと皿飲み終えるころにはすっかり吐き気もおさまっていた。

次にメインの「トマトと牛肉の炒めもの」が出てきた。てらてらと光り、見た目から重そうだったが、ひと口食べるとこれもまた鮮烈。トマトの酸味にピリッとした辛さがまじって、食欲がどんどんわきあがってくる。気がつけばぼくは主食のトルティージャにつぎつぎと手をのばしており、けっきょくあっという間に全部たいらげてしまった。

メキシコ料理のすばらしいところは、このようにどの店に入ってもほとんどハズレがないことだ。これは海外ではちょっと珍しいような気がする。

もうひとつはどんなときでも食欲を高めてくれるということ。とにかく暑い国なので、これにはほんとうに助けられる。

メキシコ料理はなぜか辛いと思われがちだけど、じっさいはちがう（右のトマトと牛肉炒めは例外的）。ほとんどはマイルドな味つけだ。それにサルサと呼ばれるソースをつけてはじめて多少辛くなる程度である。このサルサがミソなのだ。トマト、タマネギ、唐辛子、香草など、生野菜を細かく切ってまぜたもので、ピリッとした辛さのあとに生野菜の爽快さが広がり、食欲をみごとに刺激してくれるのである。

それともうひとつ。ぼくはこの国に三ヵ月いたが、食べ飽きるということがなかった。これもいろんな国の料理と比較するとかなり珍しい。

飽きない理由はやはり料理のバリエーションが多いことだろうか。それと化学調味料があまり使われていないからかなとも思う。あくまでおおざっぱな印象なのだけど、アジアやアフリカの屋台メシと比べると、メキシコの料理には、化学調味料特有のあの甘ったるさをそれほど感じなかった。

とまあ賛辞はいくらでも出てくるのだけど、ただメキシコ料理に関しては、ぼくはおそらく過剰に肩入れしているように思う。なぜなら、メキシコに入る前にアメリカに半年いたからだ。味も素っ気もないファストフードに長いあいだ浸かったあとだったから、よけいにはじめて食べたタコスの味は衝撃的だった。肉や野菜がボンと口のなかではじけるのを噛みしめ、トルティージャの断面から肉汁があふれ出してくるのを見て、味が〝生きている〟と感じた。

世界旅行の楽しさのひとつは国境越えじゃないかとぼくは思う。そのラインをまたいだだけで、ありとあらゆるものがガラッと変わる。これぐらい血わき肉躍る瞬間もない。そしてこの、アメリカからメキシコに入ったときの世界の変化、そして味の劇的な変化は、ぼくの旅のなかでも最もエキサイティングな出来事のひとつだったのだ。

さて、メシのうまい国、トップ3のもうひとつはここ。ベトナムである。

東南アジアの国々は概してメシがうまいけれど、そのなかでもタイとベトナムが旅行者の人気を二分しているように思う。

どちらも甲乙付けがたいが、全体的に甘い味わい（もしくは激辛）のタイ料理より、ベトナム料理のほうがぼくの口には合った。

ベトナム料理の代表選手に「チャージョー」というのがある。「ベトナム風春巻き」などとよく紹介されているが、味わいはまったくちがう。中国の春巻きは小麦粉の皮を使うのに対し、ベトナムのチャージョーは米粉でつくられた皮を使う。この皮がセロハン紙のように薄く、それでもって具を何重にも巻いて揚げる。皮はパイ生地のような複数の層になり、噛むとパリパリと音が鳴って、じつに香ばしい。

なかの具がまた凝っている。豚のひき肉やエビのすり身といったものに、隠し味としてサツマイモを入れるのだ。そのおかげで〝ねっとり〟と〝ホクホク〟が加わり、ますます味に奥行きが出る。

さらに中華の春巻きがシンプルにからし醤油をつけて食べるのに対し、チャージョーのタレはそうとうに複雑である。ニョクマム（魚で作った醤油）がベースだが、ネギやら唐辛子やらいろんなものが浮いている。甘、辛、酸、絶妙なバランスなのだ。

ベトナム料理に感心するのは、このタレがチャージョーのためだけに配合されたものだということ。ほかにも生春巻きや、エビやカニのから揚げ、さつま揚げ、各種つくねなど、タレをつけて食べる料理は多いのだが、料理ごとに専用のタレがつくられ、サーブされる。そういうこだわりが見ていて気持ちいい。

ためしにチャージョーをほかの料理のタレにつけて食べてみたが、それでも遜色なくおいしいと感じた。ベトナム料理の真髄を見きわめるには、ぼくはまだまだ修業が足りないのだろう。

ところでベトナムのあちこちで舌鼓を打っているうちに、あることに気がついた。値の張るレストランよりも、庶民的な食堂や屋台で食べるほうが断然うまいのである。

日本から友だちが遊びにきたので、それなりのレストランに何度か行ったのだが、「うまい！」と叫びたくなるような味にはとうとう出会えなかった。テーブルクロスの上で美しく盛られたベトナム料理を食べるというのは、根本的に何かがちがうような気がした。肉まんをナイフとフォークで食べるような感覚、とでもいえばいいか。

屋台料理に「バインセオ」というのがある。米粉をココナッツミルクと水で溶き、エビ、モヤシ、豚肉を入れて、お好み焼きのように焼いたものだ。日本のお好み焼きとはちがい、カリカリした食感になっている。アツアツのそれを細かく砕き、何種類かの香草をはさんでからし菜でくるみ、タレにつけてモシャモシャバリバリとかぶりつく。腹の底から「うまあああっ！」と絶叫したくなるのだが、これなどはレストランのメニューにはない料理だ。地元の人たちと長イスに座って肩を触れ合い、湯気や煙にまかれながら、大口をあけてバリバリ食らう。そうしてこそはじめてうまい料理だろう。ようするに相性だ。

ちょっと余談になるが、ベトナムはかつてフランスに統治されていたため、都市部にはフレンチレストランがけっこうある。「本格フランス料理を世界一安く食べられる国」ともっぱらの評判である。

ホーチミン市の「ル・カプリス」という店に、やはり日本から来た友人とランチに行ったのだが、前菜のシーフードラビオリもメインのフィレステーキも、口に含むたびにため息が出た。しかもフランス料理にしてはあっさりしていて、日本人のぼくの舌にもやさしくなじんだ。シェフはフランスで修業したベトナム人らしい。それを聞いて、やっぱりセンスがいいんだな、と思った（料理にかぎらず、何かにつけベトナム人は感覚が繊細で、仕事がていねいに思える）。

この「ル・カプリス」は十五階のビルの屋上にあり、メコン川を一望にできる最高のロケーションと、欧米式の気持ちのよいサービスのなかで食事を楽しむことができる。白いクロスのかかったテーブルの上で、ナイフとフォークを使って静かに、という食事なら、やはりフレンチは合う。

もっとも、こういうのは一度味わえばじゅうぶんで、次の日からは〝下界〟におりて、地面に置かれたイスに座り、現地の人たちと現地の料理をホゴホゴ夢中で食べていたのだけど。

さて、三つ目は最初にもあげた中国である。

何の意外性もない結果かもしれないが、これはもうしかたがない。もともとぼくは食い意地が張っているほうだけど、食べるという行為にこれほど熱狂し、幸福を覚えたのははじめてじゃないかという気がする。

中華料理の楽しみのひとつは、とくに旅人にとっては、地方ごとに味が変わることじゃないだろうか。

大陸を南北に移動すると、植生が徐々に変わっていく様子が見えておもしろいのだが、それと同じような感覚で、この国を移動すると、〝食〟の移り変わりが目に見えてくる。とりわけ〝麵〟の変化は楽しい。

中国にある無数の麵のなかでも、とくにうまいと思ったのがウイグル自治区の「ラグメン」だ。肉野菜炒めぶっかけうどん、といった感じの料理で、麵は日本のうどんとほぼ同じ。ただし、讃岐《さぬき》うどんのように腰の強いシコシコした麵である。

ラグメン屋はたいてい自分の店で麵を打つ。生地を棒状にのばし、その両端を持って上下にぶわん、ぶわん、と振る。すると生地はU字状に大きくくねりながらのびていく。地面に近いところまでのびたら、それをふたつ折りにし、またその両端を持ってぶわん、ぶわんをやる。それをまたふたつ折りにし……というのをくりかえすと、しだいに本数が増え、一本一本が細くなっていく。そうしてうどんの太さになったところで、両端を切って（この部分はかたまりになっている）湯に投げ入れる。

麺がゆであがると、水気を切って皿に盛り、その上に羊肉入りの野菜炒めをたっぷりかける。これで完成。シコシコの麺に、肉野菜炒めのまろやかな味がからみついて、まあうまいことうまいこと。

この麺と「ナン」と呼ばれるパンがウイグル族の主食である。米も食べるが、たいていは「ポロ」という炊き込みごはんのような料理にされる。ふつうの中華料理のように、白いごはんとおかずという組み合わせは、ウイグルの人々にはあまり一般的ではない（これも最近は変わってきたらしいが）。ごはんを置いていない店も多いので、ウイグル自治区で白いごはんを食べようと思ったら、漢族の店を選ぶ必要があった。

あるとき、ウイグル族のインテリ男と仲良くなった。歳は三十代の後半ぐらいで、流暢《りゅうちょう》な英語を話した。そして彼の口からはことあるごとに、漢族を批判する話が出た。

中国の人口の九十パーセントを占める漢族は、歴史的に他民族を圧し、現在も中国の政治と経済を牛耳《ぎゅうじ》っている。そんな彼らに反感を持つウイグル族はとうぜん少なくなく、暴動も頻繁に起こっている。

だからこのインテリの彼も、ぼくにまで不平をもらすわけだが、よっぽど腹にすえかねているのか、どんどん語気が荒くなり目つきが鋭くなってきた。だが、彼も途中で自分が熱くなっていることに気づいたようで、かすかに苦笑し、それから時計に目をやった。

「そろそろいい時間だね。昼メシを食べにいこうか」

ぼくが首を縦に振ると、彼は何がいいかと聞いてきた。このところ田舎地帯を走り、ウイグルの店で麺ばかり食べてきたので、

「ごはんがいいな」

と答えた。すると彼は急に表情をくもらせた。そして不機嫌さと悲しさのまじった目で、

「私は、麺のほうがいい」

と言った。さらに、

「私はごはんが嫌いだ」

とまで付け足した。白いごはんなど漢族の食いものではないか、と言わんばかりに。

あるいは、これは極端な例かもしれないけれど、でも考えてみると、ラグメンのうまさにはなんというか、毅然としたところがあって、民族的なこだわりや誇りみたいなものまでがつまっているように感じられるのだ。ウイグル自治区を出たあと、何度か、漢族の店にラグメンがあったので食べてみたが、どの店も麺がふにゃふにゃで、ウイグル族たちのつくる麺とはほど遠いしろものだった。

そのウイグル自治区から四〇〇〇キロほど東に走ると山西省に入る。ここは「刀削麺《とうしょうめん》」の本場だ。

刀削麺はその名のとおり、専用の包丁で生地を削ってつくられる麺のことだが、その動きが見とれるほどに美しい。

まず、生地を胸のあたりに構え、片手で持つ。次にもう一方の手に包丁を持ち、かんながけをするように、うしろから前へシャーッ、シャーッと動かす。生地から細長い片がつぎつぎに飛び出していき、目の前の煮たった大鍋のなかに落ちていく。その鍋に入るまでの刹那、白い片はひらひらと、まるで生きているかのように宙を舞う。

こうしてできた麺は、断面がひし形、もしくは三角形になっている。これがおもしろい食感を生む。最も肉厚のところはもちっとして、中心部には髪の毛一本の芯がある。スパゲティでいえばアルデンテの状態だが、嚙むとさくっという感触。一方、麺の端のほうは薄い皮状になっているため、ワンタンのようなビラビラした食感がある。もちっ、さくっ、ビラビラ、と一本の麺でさまざまな食感を楽しめるのだ。

東海林さだおさんがこんなことを書いている。うどん、ソーメン、きしめん、どの麺にも個性があり、それぞれのいいところを一度に味わってみたい。そこでその三つをひとつの鍋に入れて調理し、食べてみた。するとどうしてもうどんが勝ってしまって、思ったような食感は得られなかった。ところが後日、刀削麵に出会い、食べてみたところ思わず膝を打った。自分の求めていた麵はまさしくこれだ――。

手元にその本がないので、どこまで正確かちょっと自信がないけれど、まあだいたいこんな話だったと思う。そして本場中国で刀削麵を食べたとき、ずいぶん昔に読んだその話を思い出し、その表現の的確さに感心したのである。

ところで、ぼくが最初にこの刀削麵に出会ったのは、本場の山西省ではなく、陽朔という中国南部にある町だ。そのあとシルクロード沿いの町でも何度か食べた。

それからようやく山西省に入り、わくわくしながら本場の刀削麵を頼んだのだが、それが運ばれてきたとき、「あれ？」と首をひねった。

これまで食べていた刀削麵は、形がいびつで、太さもばらばらなうえに、麵と呼ぶのはどうかな、と思うぐらい短かった。ちょうどゴボウのささがきみたいな感じだ。麵づくりの工程から、そういういびつさが出るのはとうぜんだろうと考えていた。

ところがこのとき出てきた麵は、うどんのように細長くてしなやかだったのだ。

「オーダーをまちがえたな」

と思った。ところがひと口すすった瞬間、「え？」と驚き、次に麵の断面を見て信じられ

刀削麵。食べ方は日本のラーメンとだいたい同じ。１杯約30円。

ない気持ちになった。それはきちんとひし形になっていて、正真正銘、刀削麺だったのだ。さすが本場はちがう、とうならざるをえなかった。

その数日後にこんなことがあった。やはり山西省の片田舎である。

朝の早い時間に食堂に入った。そこにひとりの少女がいて、料理を客席に運んでいた。席につくと、彼女が注文をとりにきた。顔を上げてその少女を見た瞬間、まさに電流が走ったように体がしびれた。大きな切れ長の目に、終始ほほえんでいるような口元。なんなんだこの異様なかわいらしさは？　とぼくはあほ面のまま固まった。なんでこんな子がこの食堂で働いているんだ？　なぜだ？　なぜだ？　と考えているうちに脳がショートし、突如として次のような妄想が頭のなかに広がったのだ。彼女を日本に連れてかえって、アイドルとしてデビューさせよう——。

そんなぼくのいかれた思いを知るよしもなく、彼女は純朴そうな顔で注文を待っている。

ぼくはドキドキしながら言った。

「イ、イーガー、タオシャオミエン（刀削麺ひとつ）……」

「好《ハオ》（はい）」

それだけで交歓は終わり、彼女は厨房のほうへと歩いていった。年は十五、六歳だろうか。

いちおう断っておこうと思うが、ぼくには少女趣味というものはいっさいない。どちらかというと年上の女性のほうが好きなぐらいだ。でも付き合うのはなぜか年下ばかりで……いやいや、そんな話はどうでもいいのだ。とにかく、その子はただ美しいだけではなく、人を惹きつけるオーラにあふれ、まわりの景色をソフトフィルターにかけたようにぼんやりとかすませていた。

間もなく彼女が料理を持ってきた。

その刀削麵もみごとなできばえで、一見ふつうの細いうどんだが、口に入れると例の複雑珍妙な食感が口のなかに広がった。見た目はまったくパッとしないこの店にも腕のいい職人がいるらしい。さすが山西省である。

などと内心ぶつぶつ言いながら、ぼくは静かに自分をふるいたたせていた。彼女を日本に連れてかえるのはさすがにかなわぬとしても、せめて写真だけは撮らなければ。でないとおれはぜったいに後悔する、もう恥も外聞もない、行け、おれ——。

そうして刀削麵を食べ終えると、意を決して立ち上がり、カメラを持って厨房のほうにそろそろと歩いていった。それから厨房の入り口のところで立ちどまり、深呼吸、ついでなかをのぞいた瞬間、顔に白い光が射した。

「あ……」

ぼくはカメラを胸に抱えたまま、動けなくなった。目の前に広がった光景には、霧のなかの寺院のような、どこか荘重な雰囲気があった。脈々と受け継がれてきた文化の一端が後光を浴びて浮かんでいるように、ぼくの目には映った。

厨房には蒸気がたちこめ、朝のやわらかい光があふれていた。そのなかで少女は淡いシルエットになり、とても十五歳とは思えないみごとな手つきで、包丁をシャッシャッと動かして生地を削っていた。その指先からは細長い白い片がつぎつぎと生まれ、煮えたった鍋のなかに吸い込まれていた。彼女はただ黙々と、その作業を続けていたのだった。

世界一メシがまずい国

自転車で旅をしていると、とにかく腹が減る。だからなんでもおいしく感じられる。極端な話、味が悪かろうが、少しすえたニオイを放っていようが、とりあえず食べものであれば、それが喉を通っていく感触だけで食事を楽しめるのだ。

しかし、唯一そうでなかった国がある。

アフリカのガーナだ。

この国でほぼ毎日食べていたのが「リソース」である。肉、魚、野菜などを煮込んでつくった〝ソース〟をごはんにかけて食べる。早い話がぶっかけメシだ。

西アフリカ全域で食べられているが、ガーナのリソースはひと味ちがう。とにかくくさい。たぶん油のせいだろう。古くなって酸化したようなパーム油が使われている。子どものころ、工作の時間で使った油粘土そっくりのにおいだ。ひょっとしたら機械油なんかもまざっているんじゃないか、とかんぐってしまう。おまけに油は何度も使いまわしされているせいか、舌触りがザラッとしている。

それらの気持ち悪さをごまかすためか、〝ソース〟には大量の唐辛子が投入されている。口に入れると、まず油粘土のきついにおいが口に広がる。暑さでバテているときなんかはこの一撃でブハッと吐き出しそうになる。だが次の瞬間、激烈な辛さが脳天を突き、吐き気は痛みにとってかわる。口のなかが炎上して、もはや味もにおいもわからなくなる。おかげで食べつづけることができるのだ。なるほどよくできている。さらに後味として大量の化学調味料が陰の名脇役よろしく控えており、食後の不快感をいっそう引きたててくれる。それはみごとなハーモニー、かつ計算されつくした構成なのである。

最初のうちはそれでも無理やり食べていた。しかし日がたつにつれて胃がおかしくなり、やがて屋台のにおいにも耐えられなくなり、ついには何も喉を通らなくなった。

首都のアクラに着いてからは毎晩中華を食べた。中華定食が約三百五十円。一方、屋台のリソースは約三十円。だがもはやその値段の差は問題ではなかった。

……ううむ。調子にのって書きたい放題に書いてしまったが、これはいくらなんでもひどい。だいいち、あのリソースがなぜまずいと断定できるのか？　たんに自分の口に合わなかっただけかもしれないではないか。うまいかまずいかは主観の問題なのだ。といってもまあ、それがこの本の大前提なんだけれど。

でもガーナではいろんな人にほんとうによくしてもらったのだ。やっぱりもう少しいいことを書こうと思う。

ガーナといえばなんといっても生産量世界一を誇るカカオ。カカオといえばチョコレート。このチョコがまたえらくまずい。って、いや、その……。でもこれは第三世界でつくられる製品によくあるパターンで、コーヒーなどがそのいい例なのだ。つまり良質のものはすべて輸出にまわされるため、国内に残るのは低級品ばかりになり、その結果、現地で口にしてみると、原産国なのに少しもおいしくない、ということが起こるのである。

ガーナ国内で売られているチョコもその好例で、買って食べてみたが、かすかにチョコ味のついたロウソクをかじっている、といったへんてこな味わいだった。

こちらはセネガルの「リソース」。具だくさんでおいしかった。

だがひとつだけ例外を見つけた。

その名も「チョコレートハウス」というビルに入っている喫茶店のアイスココアだ。

これはうまい。生クリームみたいなコクがあって、チョコの香りがとても上質のものに思える。これを試すだけでもガーナを訪れる価値はあるかもしれない、とまでは言わないが、屋台のメシがどれほどすごいかはぜひお試しあれ……って、またっ。

ガーナのみなさん、ごめんなさい！


（いちおう断っておきますと、ぼくは屋台や露店でばかり食べていたので、こういう印象になったのだと思われます。そういう店はのきなみ古い油を使っていたので。けっして「ガーナ料理」自体がまずいわけじゃありませんよ）

世界一雰囲気のいい酒場

「大衆酒場世界ランキング」なんていうのがあったら、スペインのバル（ＢＡＲ）をいちばんに推す人は多いだろうなと思う。

日本の居酒屋と同様、バルでは料理をつまみながら飲む。この料理をタパスと呼ぶ。これがとにかくうまい。小イワシのマリネ、タコのサラダ、小イカの姿揚げ、鳥肝煮、肉団子のトマトソース煮などなど。

うまさの秘密はオリーブオイルだ。スペイン産のそれは非常にあっさりしていて、ふくらむような香りとコク、そして艶を料理に与えている。これにからめられたタコやイワシはキラキラ光り、うれしそうにサンバを踊っているようだ。

バルを語るのに欠かせないのはもうひとつ、生ハムである。店内に入ると、古びた納屋のようなにおいが鼻をつき、飴色の巨大な豚モモのかたまりが天井からたくさんぶら下がっているのが見える。ちょっと壮観な眺めだ。

日本では生ハムなどうまいと思ったことがなかったけれど、本場で食べるとまるでちがう。極上のスモークサーモンのようで、舌の上でシャーベットのようにとろけ、何層ものうまさが口に広がっていく。

これらの料理に舌鼓を打ち、おっさんたちの赤ら顔を眺めつつ飲むのがとても楽しい。バルには気どったところがまったくない。ドアが外に向かって開かれているような明るい雰囲気があり、これほど入りやすい酒場もないように思う。人々の酔い方もほがらかで、やわらかい空気が店内に満ちている。

おまけに酒も料理も安い。地方に行くほどそれは顕著で、千円で三軒ハシゴしたこともあった（西欧のメシはそれなりに金を出さないとろくなものはないと書いたが、いま思えばこのスペインのバルは例外だった）。

そんなものだから走り終わったあとにバルに行くことが日課になった。

一度、オリーブ畑にキャンプしたのだが、地平線に沈んでいく夕日を眺めながら、なんだかそわそわして落ち着かなかった。これじゃまるでアル中やないか、と自分を叱責しながら、しかし気がつけば、ぼくはオリーブ畑にテントと荷物を放置し、五キロほど先のバルに向かって自転車をぶっ飛ばしていたのだった。

しかしこうして酒場に親しんだ国ほど印象がいい。酒場に入らずに通り過ぎた国と比べると、酒場通いをした国には、じっくり語り合った友のような近しさを感じるのである。

スコットランドでは〝村パブ〟通いにはまった。

ちなみに、この「パブ」やスペインの「バル」、そして日本語にもなっている「バー」などは、いずれも国によって呼び名がちがうだけで、内容的にそうちがいはない。イギリスでは酒場のことを「パブ」と呼ぶのである。これは「パブリック・ハウス」の略らしい。もうひとつ、「バー」のほうは、これはよく知られている話だと思うけれど、かつて馬の手綱を結びつけるための横木（バー）がどの店の前にもあったことに由来しているのだとか（ほかに有力な説として、カウンターの形状が横木だから、というのがあるけれど、ぼくはなんとなく馬の横木の話が好き。旅情があるもの）。

スコットランドパブの話である。

ぼくは毎日、地図を見てできるだけ小さい村を探し、そこを目指して走った。

村に着くとまず牧場へ行く。

「ひと晩だけ、牧場の隅にキャンプさせてくれませんか？」

笑顔でそう言えば断られることはまあない。

それからごはんを炊き、野菜炒めなんかをパパッとつくってサッとかきこんだあと、村に一軒だけあるパブへと出かける。

ドアをあけると、村人たちの好奇の視線がいっせいに注がれる。日本人を見るのははじめてという人もいるのかもしれない。

まずはビールを頼む。一日汗をかいて走ったあとのビールは至福以外の何ものでもない。あまりのうまさに飲んだ瞬間、体がブルブルッと震えてくる。

次にスコッチ、「グレンモランジー」を頼む。

景山民夫さんの著書にこの酒のことが出ている。その本のなかでは「地元でしか飲めない幻の名酒」といったおごそかな扱いを受けているのだが、じつはなんのことはない。ロンドンのスーパーでも手軽に買える超メジャーな酒だ。だから本場スコットランドで飲むには少々ありがたみにかけるものの、しかし氏も絶賛しているとおり、たしかにバランスのいいうまいスコッチだと思う。

琥珀の液体を舌の上で転がしていると、前の席にひとりのじいさんが座る。

「日本人か？」

とじいさんは値踏みするような目でこっちを見る。ぼくは「はい」と答える。

「何してるんだ？」

「旅行です」

「なぜこんなところにいる？」

「何もないところが好きだから」

じいさんは顔いっぱいにしわを浮かべて笑う。そしてビールを一杯頼み、まあ飲みな、とぼくの前に置く。遠慮なくグビッといただく。

「スコットランドの歴史を知っているか？」

「トラジディ（悲劇だ）」

じつはたいして知らないのだが、ぼくは厳粛な口調でそう答える。じいさんは目をつぶり、こっくりとうなずく。

「スコッチは好きか？」

「もちろん」

じいさんは満足げな顔でさらに聞いてくる。

「どのスコッチがいい？」

「あなたのオススメがいい」

運ばれてきた酒は、さっきのグレンモランジーと比べ、色が濃い。銘柄を聞くと、「グレンオールディ」だという。

「水は？」

「いや、ストレートでやることにしている」

ぼくがそう答えると、パブのなかがわっとにぎやかになった。いつの間にかぼくとじいさんのやりとりにみんな注目している。

ひと口飲んでみる。グレンモランジーより濃厚だ。樽の香りが口に広がる。じいさんはぼくの顔をじっと見つめる。

「うまい」

と答えると、じいさんはヒゲの奥で笑う。

別のオヤジがぼくたちのところにやってきて、テーブルに新しいグラスを置いた。

「これも飲んでみろ。この村の近くでつくられたウィスキーだ」

遠慮なくいただく。

「うん、これもうまい」

「わはは、そうだろ」

「これも飲んでみろ」

「次はこれだ」

そのようにしてスコッチがつぎつぎに出てくる。ぼくはグラスを傾けるたびに、「うまい！」「ああ、こっちもいい！」などと言い、そのたびに店内がわきあがる。そんな村人たちの笑顔を見ているうちに、やがて現実感がなくなっていく。ふと、ここはどこだったかな、と考える。スコットランドの、名前も知らない村だ。そう思い返しながら、そんなところに自分がいるということが夢のように感じられてくる。最高の酩酊《めいてい》だな、と思うのである。


最後はアフリカ酒場の話。

たとえばタンザニア。この国にはアフリカでは珍しく、小さな村にも安宿がある。一泊はだいたい百五十円から三百円。部屋にはベッドがひとつあるだけで、独房さながら、しかもそのベッドときたらあちこちに黒いしみが浮かび、見ただけでかゆくなってくるようなしろものだ。部屋はすきまだらけで、マラリア蚊は飛びまわり、ベッドの上に蚊帳《かや》はいちおうあるけれど、破れ放題。シャワーなんかはもちろんなく、ドラム缶の水で行水する。「これは泥水だな」と一瞬ためらうような水もたまにある。

あるいは、外でテントを張って寝たほうが快適かもしれない。それでもあえて宿に泊まるのは、自転車や荷物のことを気にかけずに、村のバーで飲みたいからなのだ。

バーのドアをあけると、アフリカンポップス「リンガラ」の爆音がドンと体にぶつかってくる。なかはすごい熱気だ。そこに入っていくとみんなの視線がいっせいに注がれる。そりゃそうだろうなと思う。日本の田舎の飲み屋に、黒人がひとりで入っていくのとちょうど正反対だ。

しかしここからが日本とはちがう。

ひとりのじいさんが、数本の歯しか残っていない口をあけ、なぜか大笑いしながら、

「ハローハローハローハローハローハロー」

とぼくに握手を求めてくる。その手を握ると、じいさんはそのままぼくを彼のテーブルに連れていく。そこでは年寄りたちが「チブク」をまわし飲みしている。粟《あわ》やトウモロコシでつくったどぶろくみたいな酒だ。

隣のじいさんがぼくにほほえみ、まあ飲みねえ、といった感じでチブクをまわしてくる。小さいバケツのような容器に入ったその酒は、灰色がかった色をしていて、ところどころにおがくずのようなものや泡が浮いている。飲むとまず酸味がくる。そのあと、とろりと甘い。アルコール度はたいして高くなさそうだ。正直、特別うまい酒じゃない。ただ、彼らの輪のなかに入り、じいさんたちのしわだらけの笑顔を見ながらまわし飲みをしていると、それだけでなんだか幸せな気分になってくる。地酒は最高の美酒になる。

別のじいさんが大声で何かしゃべりかけてくる。ぼくもそれに大声で返す。じいさんはウシャシャシャシャと大笑いしながら、ぼくの手をパンと叩く。ぼくも大笑いしながら、じいさんの手をパンと叩き返す。じつは音楽がうるさすぎて、相手が何を言っているのかまったくわからないのだけど。

気分よく酔っぱらったあと、みんなにサヨナラを言ってバーを出る。村の頼りなげな明かりが漁火《いさりび》のように暗闇に浮かび、その上に何億という星が降り注いでいる。虫の声がそこらじゅうから聞こえ、夜風がどこかなつかしく感じられる。そのなかをふらふら歩きながら、ぼくは頬がゆるみっぱなしなのである。

世界一うまいビール

スペイン南部の港町、アルヘシラス。

ここから船にのってジブラルタル海峡を渡り、アフリカの玄関口、モロッコに向かう。ぼくにとってははじめてのイスラム圏だ。

船にのる前夜、スペインのバルでビールをがぶ飲みした。イスラムといえば飲酒はタブー。いまのうちに飲んでおかなければ、と悲壮感たっぷりに痛飲したのである。

さらに翌朝は二日酔いでふらふらするにもかかわらず、缶ビールのロング缶を十本買い、自転車のサイドバッグに詰め込んだ。

走ってみると、ぞっとするような重さだった。でも背に腹は代えられないのだ。ビールのない自転車旅行なんて、具のない味噌汁のようなもの。いや、肉のないスキヤキか。いや、それよりも、ネタのない握り寿司。

とぶつぶつ言っている間にフェリーはセウタという小さな港町に到着。そこからモロッコの最初の大きな町、タンジェを目指した。その距離約八〇キロ。そこがよりにもよって山越えで、とんでもない坂の連続だった。

「な、なんちゅう重い自転車じゃ……」

雑巾をしぼるように汗が噴き出し、道路にぼたぼた落ちていく。調子にのってビールをどっさり積んだ自分に無性に腹が立ってきた。まったく、あほかおまえは、あほかおまえは、あほかおまえは、ハアハアハアハアハアハアハアハア。

「で、でも、走ったあとには麦とホップの爽快が待っとるんやあああ！」

とヤケクソな勢いだけで坂をのぼり、夕方になってやっとタンジェに到着、やれやれ、と息をつきながら店をのぞくと、冷蔵庫には大量のビールが並んでいた。ドテ。

「なんやったんや、おれの苦労は！」


とこのようにイスラム圏でもビールはふつうに売られていた。しかも、輸入ビールだけならまだしも、自国産ビールまで何食わぬ顔で売り場にあったのだ。

イスラム教国といっても、他宗教の人も何パーセントかはいるし、もちろん外国人もいる。それにトルコなんかのようにイスラム教徒でも平気で飲酒している国もあるのだ。

それはともかくとして、世界をまわって感心したことのひとつが、このビールの充実ぶりである。どんな国にも必ずといっていいほど自国産のビールがあった。ほかのアルコールはなくとも、ビールだけは国の絶対条件といった感じでつくられ、売られていたのである。

ぼくがまわったなかで最も人口が少なかった国は中米のベリーズで、当時の人口はわずか二十三万人。そこにもちゃんと「ベリキン」という立派な自国ブランドビールがあり、全土に普及していた（そしてけっこううまかった）。

輸入ビールも含め、ビールそのものをいっさい見かけなかった国は、訪問した八十七ヵ国のうち、ただ一ヵ国、イランだけである。イスラム主導型の社会だけに、やはりそこは徹底しているのかもしれない。もっとも裏ではかなり酒が出まわっているという話だが。

ともかく、ビール好きのぼくとしては、世界じゅうにビールがあるという状況は非常に好ましく、とうぜん各国のビールを試していった。

そのなかでいちばんうまいと思ったのはアイルランドの「ギネス」だ。

「なんだ、月並みだな」と思う人もいるかもしれないが、ただしこれは、「アイルランドで飲むギネス」という条件つきである。

ぼくはアイルランドに行くまで、スタウト系のいわゆる黒ビールが好きじゃなかった。口に残るあの甘ったるさがどうも苦手だったのだ。

それを再確認したのがロンドンである。パブに行ったとき、友人がしきりに勧めるので、気が進まないながらもギネスを飲んでみた。そしてやはり途中から甘さが気になりだし、一パイント（〇・五六八リットル）を飲み干すのも少々骨だった。

そのあとでアイルランドに行き、町のパブに入った。ミーハーなぼくは、とりあえず本場のものを飲んでおこうと軽い気持ちでギネスを頼んだ。

口をつけた瞬間、

「え?」

と目をあけ、グラスのなかの黒いビールを見つめた。ロンドンで飲んだものとはまるでちがう。舌にまとわりつく甘さや、いやな苦味がない。黒ビールとは思えないシャープさだ。なのにスタウト特有のしっかりしたボディもある。それになんという泡だろう。まるで生クリームではないか。これが全体をまろやかに包み込んでいるのだ。すごい。ビールとして完璧に仕上がっているという感じがする。でも、ロンドンのギネスとなんでこんなにちがうんだろう?

聞いたところによると、アイルランドのギネスは、アイルランドでとれる材料——水、麦、ホップ、酵母——のみでつくられているということらしい。

なるほどな、と思う。酒でも料理でも、その原材料があってこそ、その味がそこで生まれる。その素材にとっていちばんの味、くわえてその土地の気候や雰囲気のなかで味わうのにいちばん適した味、それらが自然に追求され、長い時間をかけて完成されていく。味は風土がつくりあげるのだ。旅をして各地のものを口にしていると、自然とそう感じるようになる。

ケルト民族音楽のライブを聴いていると、ギネスがますますうまい。

酒でも料理でも現地で味わうと、「そう、これこれ」と思う。味がしっくりと舌になじんで広がるように感じられる。

　ギネスはアイルランドで生まれたビールだ。アイルランドの麦とホップと水があったからこそ、その味に仕上がったのである。イギリスの材料を使って同じ製法でつくっても、原産国アイルランドのものに及ばないのはとうぜんだろう。

　こうして、ロンドンでは一杯飲み干すのも苦労したギネスだったが、アイルランドでは最初の一杯からとりつかれ、走り終わったあとにギネスを飲むのが完全な日課となってしまった。ちょっと中毒性のあるうまさなのだ。

　アイルランド人は大酒飲みで、アルコール依存症患者が多いといわれているが、その原因には国民気質や社会情勢といったもの以外に、アイリッシュ・ギネスの奇跡的なうまさも含まれるんじゃないだろうか。ぼくはかなり本気でそう思っている。

　余談になるが、ヨーロッパとつながりの深いアフリカ各国でも、ギネスは広く飲まれている。ぼくはガンビアで飲んだのだが、ギネス自体はたしかナイジェリア産だったか。これがすごいしろものだった。ひと口飲んだ瞬間、ブーッと二メートルぐらい吹き飛ばして、

「これのどこがギネスじゃああ！」

と叫ぶ自分がイメージされた。コーヒーだと言われてコーラを飲まされたような気分だ。

妙に甘ったるくて、薬のような奇妙なにおいがする。

もしかしたら飲み慣れると、これはこれでうまいのかもしれないが、ぼくはその努力を早々に放棄し、地元ブランドのビールばかり飲むようになった。それらはたいていさっぱりした味で、アフリカの熱気のなかで飲むと、体が雄叫《おたけ》びをあげ、生き返るような気持ちになる。そしてニカッと笑ってしまう。やっぱり、これやな、と。

（ギネスのロンドン醸造所は二〇〇五年に閉鎖され、いまではイギリスでもアイルランド産ギネスが飲まれているようです。しかしなぜ閉鎖になったんでしょうね。イギリス産ギネスの味が不評だったから？）

世界一まずいビール

昔読んだ椎名誠さんのエッセイに、ソ連のビールのことが書かれていた。とにかくひどいまずさらしい。「馬のションベン」とまで形容されており、読んだ当時はどれだけまずいんやろなあと想像がふくらみ、むしろ無性に飲みたくなったものだ。

いまならおそらくロシアのビールということになるのだろうが、ぼくはビザの関係でロシアには行けなかった。だが、旧ソ連の一国、カザフスタンを走っていたとき、立ち寄った店でロシアのビールが売られているのを発見し、嬉々として購入した。そしてわくわくしながら飲んでみると……ふつうだ。というより、カザフスタンのビールより洗練されてうまい気がする。

そのあと現地の人から聞いた話によると、中央アジアでは、ロシア製ビールは高品質で通っており、自国のビールよりも人気が高いのだそうだ。あるいは、かつてのソ連ビールも、市場の開放に合わせて品質が向上していったのかもしれない。

世界全体でみても、市場経済への移行、または情報や流通網の拡大などで、いまはどの国のビールもそれなりの味になってきているんじゃないかと思う。旅をしていて、まずい、というビールにはほとんど出会わなかった。もっとも、自転車で走ったあとに飲むのだから、とにかく冷えてさえいればたいていはうまいのだけれど。

ただし、やはり例外はある。

先に書いたアフリカン・ギネスもふしぎな味だったが、さらにそのはるか上をいくのがシリアのビールだ。

シリアは女性の服装や、モスクに集まる人々の様子から、周辺国と比べてもとりわけイスラム色が強いように感じるのだが、それでもちゃんと自国産のビールがあった。シリアにもキリスト教徒をはじめとする非イスラム教徒が十パーセントほどいるのだ。

ある日、首都のダマスカスで酒屋を発見した。さすがにおおっぴらに商いをしている雰囲気じゃない。両隣の店に窮屈そうにはさまれ、パチンコ屋の景品引換所のように、〝こっそり〟といった感じで店を構えている。入ってみると、店内も狭くて暗い。地下で銃やドラッグの取引でもしていそうな雰囲気だ。

その売り場の一角にビールコーナーがあり、ハイネケンなどの輸入ビールにまぎれて、それはあった。

農薬でも入っていそうな暗褐色のずんどう型のビンに《ＢＡＲＡＤＡ》と書かれたラベルが貼られている。その上に《Ｓｙｒｉａｎ　Ｂｅｅｒ》という文字。値段は四十シリアポンド、約九十円だ。一方のハイネケンは六十シリアポンド。

その「ＢＡＲＡＤＡ」を一本とハイネケンを二本買った。外での飲酒はさすがにためらわれたので、宿に持って帰った。

栓をあけたとき、妙なにおいがした。何かに似ているような気がするが、なんだったたっけ？　と首をかしげながら、がばっとラッパ飲みした。次の瞬間、うっ、と顔をしかめた。

「なんやこれ……？」

妙にしょっぱいが、塩でも入っているのだろうか？　いや、もしかしたらこれはビールの〝キレ〟という意味なのか？　いや、それよりも、なんなんだ、このすっぱいような甘ったるいようなにおいは？

「あっ……」

アンモニアや。

そのときピンとくるものがあった。

ぼくはずっと椎名氏のあの形容をエスプリのようなもの、つまりまあおそらく多少は誇張を含んでいるのだろうと思い、その言葉の意味を深く考えていなかった。しかしいま飲んだこのシリアビールは、誰かから「じつはそれ、馬のションベンでできてるんだ」と言われたら、ぼくは「え？　そうなの？」とたまげつつも、「ああ、そうかもなあ」とすんなり納得してしまいそうな味なのだ。

でもそのうち慣れるかもしれない、とがんばってそのビールを飲んだが、途中からはひと口含むたびにハイネケンで口をゆすぐようになった。そして半分ほどあけたところでギブアップ。

そのとき、たまたま同じ宿に日本人旅行者が四人いたので、みんなにまわしてみると、

「なんだこれえ⁉」

とその場は大にぎわいとなった。だからまあ酒の〝肴《さかな》〟としてはよかったんだけど。あるいは、ぼくがたまたま買ったその一本が、異物混入か何かで品質が変わっていたのかもしれない。あの味はそう考えるのが妥当という気がする。ただ、さすがに二度とそれを買うことはなかったので未確認のままなんだけれど。

世界一うまいスイーツ

ドイツ人たちは無類のケーキ好きかもしれないな、と旅をしながら思ったものだ。

町のあちこちにケーキの並んだカフェスタンドがあり、そこではトレンチコートを着たお父さんが立ったままケーキを食べているのだ。そういう光景を眺めているうちに、ぼくもいつしか町に着くたびにケーキをぱくつくようになった。旧東ドイツだと値段も安い。ケーキとコーヒーあわせて二百円ぐらいからある。

そして何よりここが大事なのだけど、ドイツのケーキは甘さが控えめで、絶妙な味わいなのだ。見た目も繊細で美しい。ドイツ人とは何かとわかりあえる気がするのだが、ケーキに対する姿勢もじつに近いと感じた。

　そのドイツを横断したあと、枯野に標識だけぽつんと立っている国境（日本の県境みたい）を越え、オランダに入った。見逃してしまいそうな国境だったし、景色にも大きな変化は見られず、国が変わった実感はあまりなかったのだが、最初の町のカフェでケーキを食べた瞬間、越境したことをはっきり実感した。そのケーキは見た目も舌ざわりもゴテゴテして粗っぽく、そして何より二、三口で残したくなるほど甘かったのだ。

　でもこれはオランダにかぎったことじゃない。いろんな国でケーキを食べたが、どれも大味で顔をしかめるぐらい甘かった。なぜこんなに甘いのだろうといつも理解に苦しんでいた。逆に海外の人たちが日本のケーキを食べると「なんだこれ？　味がしないな」と思うのだろうか（ぼくのまわりの外国人は「日本の甘さがいい」と言うけれど）。

　味覚も人それぞれ、好みがちがってとうぜんだけど、こと甘さに関しては何かゆずれないものを感じる。あの過激な甘さは味の微妙な〝ひだ〟を根こそぎ奪っているではないか、と。

　このように、ケーキはあまりいい印象がないのだが、そのほかのスイーツなら、「うほほ、これはこれは」と恵比須顔になったものがいろいろある。

　中東のシリアには餅系のスイーツがたくさんあった。雪見だいふくにそっくりなものや、薄い餅の皮でチーズクリームをまいたものなど。甘さも味わいも繊細で、食べていると、「おお、同志よ」と手を取り合いたくなった。

一方、メキシコではフルーツのアイスキャンディーにはまった。果実をそのままかじっているようなダイナミックな味で、それが一個十円から二十円という安さだ。そのためアイスキャンディー屋を見つけるたびに自転車をとめ、ピラニアのようにザクザクとアイスをかじっていた。

と、あちこちで現地のスイーツに舌鼓を打っていったが、ではいちばんは？　と聞かれれば、迷わずこれを推す。

ベトナムの「チェー」だ。

「ベトナム版あんみつ」とでもいえばいいだろうか。しかしその世界の奥深さは日本のあんみつの比ではない。

いちばんのちがいは、なかに入れる具のバリエーションの多さだ。あずきや金時豆などの豆類から、だんご、ゼリー、芋の甘く煮たやつなど、多い店になると二十種類近く。店頭に並んだそれらを、客は指で差しながら注文する。店主は指定された具をつぎつぎにガラスのコップにぶち込んでいく。その上にどろりとした濃厚なココナッツミルクを垂らし、最後にかち割り氷をのせてできあがり。客はスプーンでもってシャリシャリかきまぜながら食べる。

味はとうぜんだが店によってちがうし、また同じ店でも入れる具のコンビネーションでめまぐるしく変化する。それこそが〝チェー道〟の深さたるゆえんだ。この摩訶ふしぎ、かつ魅惑的な世界にぼくはすっかりはまった。

熱帯林の生い茂る景色のなかを毎日走りながら、町が現れ、チェー屋が見えてくるたびにブレーキをかけた。日記には《今日のチェー》というコーナーができた。どうしても店が見つからず、食えなかった日は依存症患者のように目つきが変わった。人をつかまえ、チェー屋はありませんかと聞くこともたびたびだった。

そしてベトナムに入って一ヵ月ほどたったころ、ニンビンという町でとうとう〝キング・オブ・チェー〟にめぐり合ったのである。

夜になると、その屋台は路上に現れた。

店のまわりには二十ほどの椅子が並べられているのだが、それらがすべて人で埋まり、立って食べている人もたくさんいた。田舎町とは思えないにぎわいだ。目の前に突然現れたその光景に、ぼくは、自分の釣竿の下に大きな魚の影がゆらり、と近づいたのを見る思いがした。来た、とうとう来た。

すぐさま列に並び、自分の番が来ると、すべての具を入れる最高級チェー「タッカー」を注文した。一杯二千ドン。日本円で約十五円だ。

出てきたチェーは、まず見た目からちがっていた。上にのっている氷がいつものかち割りタイプではなく、雪のような、粒子の細かいさらさらのカキ氷なのだ。

ドキドキしながらひと口食べてみる。

「ほう」

ふた口目。

「ふむ」

三口目。

「な、なんと」

四口目。

「こ、これは……」

雪解けを思わせるストリングスの音が、ゆるやかに流れはじめた。あずき、黒豆、白い豆、サツマイモの甘煮にタロイモの甘煮、白玉だんごにむちむちゼリー、タピオカ、マンゴー、パイナップル、炒りたてピーナッツに揚げサツマイモ。それらは食べやすいように粒の大きさが一定に切りそろえられており、しかもその粒のサイズがピーナッツ大と、通常より小さかった。そのため一度にいろんな種類の具が口に入ってくる。くにゅ、もちっ、ぶゅ、ぽわん、さくさく、びろん。多種多様な歯ごたえをなんと一度に味わうことができるのだ。しかもひとすくいごとに、ちがう。どの具材がどれくらいスプーンにのるかで、味わいは無限に変わる。偶然の生み出す味のシンフォニー、そして、どのパターンであっても、どのパートが使われていても、味のコンダクターはすべての奏者・楽器の個性を引き出し、律し、盛りあげ、完全なる調和を保ちながら、ひとつの壮大なドラマをつくりあげていくのである。

その旋律に、ぼくはいつしか滂沱《ぼうだ》たる涙を流しながら、無数の光に包まれていた。

このとき、同じくチェー道に身を投じている変態チャリダー・ツヨシがぼくの向かいにいた（彼はアフリカのケープタウンから日本を目指すという旅をしており、これまでに何度か顔を合わせていた。ベトナムのフエで再会してからは二週間ほどいっしょに旅をしている。美形だが変態だ）。

いつもならふたりで「甘さがとがってる」だの「具の個性がそれぞれ主張しすぎ」だのと、グルメぶった顔で批評しながら食べるのだが、このときはふたりとも無言でそれをかきこんだ。何かを言葉にしたいのだが、完全なるものの前には、言葉はいかにも無力だった。

コップのなかをきれいに平らげると、互いの目を見た。目尻がだらんと垂れ下がっていた。ふたりとも迷わず立ち上がり、おかわりを注文しにいった。

食べ終わったあと、ぼくたちは何度となくため息をつきながら、うっとりした顔で宿まで歩いて帰った。世界は希望に満ちあふれ、星は頭上でまたたいていた。ぼくたちはここに〝道〟のひとつの到達を見たのである。

（つけくわえると、ぼくもツヨシもこのチェーを食べるために、ニンビンにもう一泊した）

［第五章］

世界一驚かせてくれる人たち

世界一美人の多い国

　美人の多い国といえば、中南米の「3C」というのが有名で、コスタリカ、コロンビア、チリ、それらのアルファベットの頭文字をとってそう呼ばれている。

　コロンビアには行っていないので知らないし、コスタリカはとりたててそうは思わなかったが、チリはたしかにそうかもな、という感じはした。ただあまりにも期待が大きかったせいか、まわりを闊歩《かっぽ》する美女に見とれ、感動に打ち震えるというほどではなかった。

　これまでにも書いてきたように、だいたい期待が大きくなればなるほど、じっさいの感動はそれに反比例するように、小さくなっていくように思える。とくにぼくはどうやら思い込みの激しいタイプのようだから始末が悪い。チリは見わたすかぎり美人だらけ、といったイメージを抱いてわくわくしながら入国したのだけれど、そんなところが現実にあるわけがなかった。

　と思っていたら、一ヵ国だけ、それに近い国を見つけたのだ。

　エストニアである。

　スカンジナビア半島の付け根近くにある小国で、面積は関東一都六県に福島県を足したくらい。近隣のラトビア、リトアニアと合わせて「バルト三国」と呼ばれ、これらの国々が最も早く旧ソ連から独立を果たした——といった知識や情報を、ここを訪ねるまでぼくはほとんど持っていなかった。だからとうぜんエストニアの女性にもなんら期するところはなく、ふだんどおりあほ面で入国した。そして宿に荷物を置き、首都タリンのメルヘーンな町をボケーッと歩きはじめた。ら。

「………？」

そのただごとではない気配に気づくまでに、そう時間はかからなかった。ぼくは歩くのをやめ、小人国リリパットに迷い込んだガリバーのごとく、まわりをキョロキョロ見わたした。

「な、なんやこれ？」

小顔で、足のすらりとした、ファッションショーから抜け出してきたばかりのような女性が、右へ左へと流れるように歩いている。白人女性に多く見られるお尻がぱんぱんに張ったタイプがいない。

どうもいろんな民族がまじり合っているようである。いかにも北欧系といったブロンドから、ラテン系の黒髪、そしてそのミックスというふうに。でもタイプいかんにかかわらず、ハッと息をつめて見入ってしまうような美形ばかりなのだ。いったいこれはどういうことだろうか？　こんなことがあっていいのだろうか？　いい。もちろんいい。

エストニアに美女が多いというのは、しかし世界を旅する者のあいだではじつはかなり有名な話のようである。あとからそのことを聞いて、やっぱりそうだよなあ、となんだか感心してしまった。

それはともかく、この美女率の異常な高さとは別に、この町から去りがたくなる理由がもうひとつできてしまった。あるいはこの個人的経験が、エストニアの女性のイメージに大きく関わっているのかもしれない。

前作に書いたので、ここでは詳しく語らないが、ぼくはこの国でとんでもない女性と出会ったのだ。

タイシアという名のその子は、やはりモデルのような容姿で、目に鋭い——見方を変えるとこわいような——光があった。パッと見は二十代前半ぐらいだが、じっさいは十五歳で、そして彼女は、まわりの誰もが認める天才だった。日本なら高校一年生になったばかりのこの年齢で、その頭脳を認められ、大学の一年生になっていたのだ。

専攻は地質学だが、語学の才能にも長《た》け、この歳で十一ヵ国語を流暢にしゃべった。そしてぼくと会ったときは偶然にも日本語に熱を入れていた。

ぼくは彼女にせがまれるがままマンツーマンで日本語を教えることになった。そのうち、目と目を見つめ合うような雰囲気になり、やがて別れが近づくと彼女の目には涙が浮かんだ。

そしてぼくもまた、彼女との別れに胸をしめつけられるような思いになっていたのだった。

この話には後日談がある。

エストニアを出たあと、旅をつづけながらタイシアと文通していた。そのころぼくはまだEメールアドレスを持っていなかったので、連絡はもっぱら手紙で、末尾には次に向かう国の日本大使館の住所を書いた。タイシアはそこに必ず長い手紙を書いて送ってきた。そして最後に《次はどこに送ればいい？》と結んでいた。

その後の彼女の活躍はめざましく、その小顔と長い足を生かしてモデルになり、さらに雑誌に何かのコラムを連載しはじめた。

また、彼女の手紙の進歩にも目を見はるものがあった。最初はお互い英語で書いていたのだが、そのうち彼女は英語のなかにカタカナをまぜて、日本語を用いるようになってきた。

そしてあるとき、彼女から届いた手紙を見て、ぼくは驚愕した。漢字ひらがなまじり文の完璧な日本語で書かれていたのだ。ぼくと別れてからわずか半年で、しかもすべて独学で勉強していたとはとても思えないほどきちんとした文章だった。

しかし時間の流れはいかんともしがたく、そのうち彼女からは手紙が毎回は届かなくなり、ぼくも筆不精になって、やがて音信がとだえてしまった。

古都タリンの町並みを振り返ると、広場に面したカフェで、タイシアとこんな話をかわしたことが思い出される。

彼女の底知れない能力を知って、ぼくは彼女の将来のビジョンを聞かないわけにはいかなかった。タイシアは泡でふくらんだカフェオレを飲みながら、

「イタリアの大統領がいいな」

と言った。それが完全に冗談に聞こえないのが、彼女の恐ろしいところだった。

「でもなんでまたイタリアなの？」

「イタリア語がいちばん好きなの」

彼女がどこまで本気で言っていたのかは、いまでもちょっと測りかねるところがある。でもイタリアはともかく、そのうち何かの拍子で彼女をテレビで見るんじゃないかな、とひそかに楽しみにしている。

世界一おおらかな宿主

一台の青い車が、ぼくを追い抜いていったあと、前方でとまり、バックして戻ってきた。サイドウインドウが開き、なかから五十手前ぐらいの女性が顔を出した。

「ウチに来なよ、泊まるところ決めてないんだろ」

今日は寒いねえ、とお隣さんに話すような調子で彼女は言った。

暮れも押しせまった、アメリカ、ユタ州の片田舎でのことだ。

西部劇のイメージそのままの赤茶けた荒野には、雪がところどころ積もっており、日中でも氷点下の日が多かった。そんななかを自転車で走る姿が不憫《ふびん》に映るのか、現地の人が声をかけてきて、家に泊めてくれることがこれまでにも何度となくあった。

おばさんは車のスピードを落とし、ぼくを先導した。かなり年季の入った車だ。ボディはあちこちがへこみ、塗装もはげている。

風がピューと笛のように高い音で鳴っていた。耳が切れるかと思うほどの冷たさだ。

下り坂になったところで、

「じゃあ、この先、最初に出てくるモーテルが私の家だから」

と彼女は言ったあと、グンとスピードを上げて走り去っていった。

家はすぐにわかった。古い小さな家で、オンボロの青い車がその前にとまっている。隣にはピンク色の屋根のついたモーテル（自動車で旅行している人のためのホテルという意味です。いちおう）が建っていた。あたりを見わたすと、庭つきの家とグローサリーストアがまばらにあるだけで、すぐ向こうは荒野だ。学校もなさそうな、小さな集落である。

ノックすると、すぐにドアが開き、おばさんが顔を出した。ぼくは招かれるまま家のなかに入った。

「荷物はそのへんに置いて、適当にくつろいで」

おばさんはそう言いながら、暖炉に薪を入れて火を起こし、それからキッチンに行った。しばらくしたあと、カップをふたつ持って彼女は現れた。カップから湯気があがっている。ぼくたちはそのミルクティーを飲みながら、暖炉の火にあたった。おばさんの名はスーで、この家にひとりで住み、ひとりでモーテルを経営しているのだという。

「ときどきあんたみたいなのが来るよ。ウチにスペースがあるからね、好きに泊まっていきなって声かけるんだ」

モーテルの経営にさしさわらないのかな、と思っていると、彼女が言った。

「モーテルはね、まあ副業だよ。小学校で先生してるんだ。ここから五〇マイルぐらい西にある学校だけどね」

ミルクティーを飲み干すと、スーおばさんはふたたびキッチンに行った。ぼくはしばらくひとりで暖炉に手をかざし、それから立ち上がった。

キッチンではスーおばさんがタマネギを切っていた。何か手伝おうかと思ったが、彼女があまりにも手際よく調理しているので、つい傍観してしまった。

「料理得意なんですね」

「それは食べてから言ったほうがいいわ」

スーおばさんはあっはっはと高らかに笑い、ぼくもつられるように笑った。

たしかに、男がつくったような豪快な料理だった。粗く切った野菜の入ったスープとバゲット。それだけだ。もっともへんに手の込んだ料理よりもこっちのほうが気楽でいい。

料理にかぎらずスーおばさんは、ぼくが昔からここに住んでいたかのようにふるまった。お世話になっている身で言うのもなんだけれど、正直、これぐらい気の休まるホスピタリティはないなと思った。部屋をずっとシェアしている友人とくつろいでいるような気分だ。彼女はもしかしたら、親切にしているという自覚すらないいんじゃないだろうか。

部屋にはテレビがなかった。ラジオからは七十年代のものとおぼしきポップスが流れている。その曲にまじって、暖炉からパチパチという音が聞こえていた。

曲が終わると、天気予報がはじまった。

「明日は雪になるみたいだね。あんたがいたけりゃいつまででもここにいていいよ。私は明日学校に泊まるから帰ってこないけどね」

「……ここに泊まる人みんなに、そんなふうに接してるんですか？」

彼女はちょっとふしぎそうな顔をしたあと、「そうだよ」と言って笑った。「私のいないあいだに三日泊まっていった人もいるね」

「不安じゃないですか？」

「何が？」

「いや、知らない人を家に泊めたり、自分の留守中に部屋を勝手に使わせたりするのが」

まさにその恩恵を被っている自分が言うのも、少々ばつが悪いのだけれど。

スーおばさんは、なんだそういうことか、という表情で笑ったあと、こんなことを言った。

「こっちがいい人で接したら、悪い人はいないよ」

彼女の顔を見返した。精悍な感じのする大きな目が、まっすぐぼくを見て、ほほえんでいる。暖炉の火が、彼女の横顔を赤く染めていた。


予報どおり、次の日は朝から横殴りの雪が降っていた。

「すみません」と、ぼくはきまりの悪い思いを隠すように照れ笑いを浮かべた。「じゃあもう一泊だけ、ほんとにいいですか？」

「遠慮なんかいらないよ」

「ありがとう。じゃあ……鍵を貸してもらえますか？」

「鍵？　ないよ」

スーおばさんの家で。暖炉の火は会話の必要性もなくしますね。

「え？」

スーおばさんはあははははと笑いだした。

「ずいぶん前に壊れてね、そのままなんだ」

ぼくは圧倒されるような思いで、彼女の笑顔を見つめた。こわくないんですか、と聞こうと思った。でもそのとき、ゆうべ聞いた彼女のあの言葉が頭に浮かんできた。

スーおばさんが出ていったあと、ぼくは年賀状を書いて過ごした。

しばらくすると、ひとりのおじさんがドカドカと入ってきて、ぼくを見るなり言った。

「お、旅行者か」

そして部屋のなかを物色したあと、何かの書類を持って出ていった。

それからまたしばらくすると、別のおじさんがドカドカとやってきた。片手にチェーンソーを持っている。

「よう。日本人かい？　へえ、自転車旅行か。この寒いのによくやるな。おれのウチにも遊びにこいよ」

男はチェーンソーを物置に置いたあと、「じゃあまたな」とぼくに手を上げて出ていった。

ぼくは男が閉めていったドアを気が抜けたような思いで見つめ、それからふたたび年賀状書きに戻った。

翌朝はからりと晴れあがった。

出発前に郵便局に寄っていった。白髪で上品そうなおばさんがひとり、机で何か書いている。ぼくを見てにっこり笑い、

「あなたね。自転車で旅している人は」

と言った。村の誰かから聞いたのだろう。

「あなたがジョディ？」

とぼくが聞くと、彼女は「そうよ」と答えた。「スーから聞いているのね」

「ええ。あとモーテルの張り紙も見ました」

「張り紙？　ああ」

彼女はおかしそうに笑った。

学校が遠くにあるため、スーおばさんはよく学校に泊まるらしい。だからモーテルの入り口にはこんな張り紙があるのだ。

《鍵は各部屋のなかにあります。宿泊代二十五ドルはクローゼットのなかに入れるか、郵便局のジョディに渡してください》

ぼくは書き終えた年賀状をジョディに渡した。

「もう行くの？」

「ええ、こんなに晴れましたから。早く南下しないと」

「そう。じゃあ気をつけてね」

「スーおばさんによろしく」

郵便局の外に出て、自転車にまたがり、地面を蹴った。集落はあっという間に過ぎ去り、白と赤のまだらになった荒野がゆっくりと流れはじめた。

「そんなやり方じゃ――」と、ぼくは最初の夜、モーテルの支払い方法を知って、スーおばさんにこう聞かずにはいられなかった。「宿代を踏みたおす人もいるんじゃないですか？」

するとと彼女はにっこり笑って、こう答えたのだ。

「そういう人は、これまでひとりもいなかったわよ」

風はきのうまでとは打って変わり、完全にないでいた。日差しがぽかぽかと温かく、雪はまぶしく光っていた。

青い空と赤い大地のコントラストを見ながら、ぼくはたびたび暖炉の前の情景とスーおばさんを頭に浮かべ、あの言葉を思い出していた。

「こちらがいい人で接したら、悪い人はいないよ」

彼女の口からそれを聞いたとき、ぼくは〈たしかにそうかもしれないな〉と思ったのだ。

世界一突き抜けた人たち

　ユーゴスラビア（現セルビア）に入る前は、正直なところ、ちょっとこわいなと思っていた。

　アルバニア系住民への弾圧、さらにその制裁と称してのアメリカとＮＡＴＯによる空爆。そんな剣呑《けんのん》な状態が、つい前年までつづいていたからだ。

　ところが入国してみると、明るい雰囲気の田園風景が一面に広がっており、さらに首都ベオグラードに着いてみれば、あちこちで噴水のあがる、えらく瀟洒《しょうしゃ》な町なのである。もっとも、ときおりグシャとつぶれたビルが突如として現れ、ぞっとするのだけれど。

　ともあれ、その予想外に美しい町を眺めながら、朝の早い時間にふらふら走っていると、ひとりの男がスポーツ自転車で風を切るように追いかけてきた。

「よう、どこまで行くんだい」

　たどたどしい英語だが、そんなことお構いなしという感じで話しかけてくる。年は三十代前半ぐらいか。背はそれほど高くないが、胸板が厚い。荷物を大量に積んだぼくの自転車を見ながら、目をギラギラ光らせている。口ひげがコメディアンみたいだ。

問われるままに答えていくと、彼は顔をどんどん上気させ、

「俺はジムのトレーナーでね、いまから仕事に行かなくちゃなんないんだけど、よかったら夕方電話くれよ」

と紙切れに家の番号を書いて渡してきた。ボイヤンという名前だったので、内心ちょっと笑ってしまった。ぼくの自転車の名は、英語の〝航海〟からとってボイジャー号、通称「ボイやん」である。

ひととおり市内観光をすると、あっという間に夕方になった。

彼からもらった電話番号のメモを見ながら、どうしようかな、と思った。あんなふうに言ってはくれたものの、今朝ちょっと立ち話をしただけなのだ。それでほんとうに電話をしたら、「え？　ああ、あんたか……」などと冷めた声で返され、微妙な空気が漂うのもつらい。でも、おもしろそうなヤツだったし……。

「ええい、なるようになれっ」

と思いきって電話してみると、女性が出た。

「ああ、やっと電話くれたのね！」

えらく元気な声だ。しかもきれいな英語である。

「ボイヤンが仕事場から何度も電話かけてきて、まだ来ないのか、まだか、ってうるさいの

よ、今晩の宿決めてないんでしょ？　ウチにおいでよ。大丈夫、わかりやすい道だから。そこからだと十キロあるかないかぐらいかな。行き方はね、二六番の《castle》って書いてあるバスを追いかけて！」

なんてむちゃなことを言う人だ、と思ったが、ほかに方法もなく、ぼくは二六番《castle》バスを必死で追いかけた。途中何度もはぐれ、次に来たバスを追いかけ、またはぐれ、そして人に聞き、とさんざん迷いながら二時間ぐらいかかってようやくその家に着いた。ちっともわかりやすい道ではなかった。

家は古めかしい集合住宅で、同じ色形のものが何棟も建っていた。聞いていた番号の棟に行き、部屋の番号を見ながら呼び鈴を押すと、すぐにドアがあき、赤毛でベリーショートの女性が顔を出した。

「さあ、入って入って！」

電話の声からイメージしたとおり、背筋のピンとのびた、溌剌《はつらつ》とした感じの人だ。高校で英語の教師をしているのだという。

ソファに白く光るような赤ちゃんがいた。まだかなり小さい。

「何ヵ月なの？」

「生まれて三ヵ月よ」

はじめての子どもらしい。それでよく素性の知れない外国人を家に泊めようとしたものだな、とちょっと驚いてしまう。家に乳飲み子がいれば、めんどうなことは避けようと考えてもよさそうなのに。

やがてボイヤンが帰ってきた。ぼくを見ると口ひげをゆがめ、ニカーッと笑う。

「さあ今日はパーティだ！　外に食べに行くぞ！」

「え？　いいよいいよ、家で食べようぜ」

「いや、ダメだ、今日はアニバーサリーなんだ！」

「なんの？」

「俺たちの結婚一周年さ！」

精力みなぎる彼の顔を、ぼくはぽかんと見つめた。まったく、なんという日におれを誘ってくれたんだ……。

しかしボイヤンはともかく、奥さんのエレナも迷惑そうなそぶりはまったく見せず、心から歓迎してくれているようなのである。どうやら日本的な遠慮は、ここではあまり価値がなさそうだ。

赤ん坊をエレナの両親に預け、ぼくたち三人は川沿いのレストランに行った。そのあと川に浮かぶ船のライブハウスに入って、ボイヤンの友人たちと合流し、前衛的なテクノバンドのライブを聴きながら、みんなで激しく騒いだ。

その音楽の洗練具合も、また彼らのぶっ飛んだ明るさも、当初抱いていたこの国のイメージからはかけ離れていた。ぼくはみんなといっしょに暴れるように踊りながら、そのさなか、ふとした拍子に、ぽつんとひとりで雑踏に立っているような漠とした気持ちになった。この町に大規模な空爆があったのは、つい去年のことなのである。


次の日起きたときは、すでに正午近くになっていた。

エレナがトマトスープで煮込んだ豆とパンを、朝昼兼用の食事として出してくれた。それをふたりで食べていると、

「今晩は何が食べたい？」

とエレナは早くも晩メシのことを聞いてきた。とうぜんぼくがもう一泊するものと考えているようだ。

じっさいのところ、赤ん坊のいる新婚家庭の家に連泊するのはさすがにまずい、今日は出なきゃ、と思っていたのだが、その彼女のひと言で、ぼくの心はたやすく折れてしまったのだった。

隣の部屋からボイヤンの大きな笑い声が聞こえてきた。電話で誰かと話しているらしい。

会話の合間に何度もガハハハハハ！　と爆発するような笑いがおこる。まったく明るい野郎だぜ。その笑い声を聞いているだけでこっちまで吹き出しそうになる。

電話を切ったあと、ボイヤンはぼくたちのほうに顔を出して言った。

「ユースケ、おまえのテレビ出演が決まったぞ！」

あはははは……。ってまずは本人に相談しろ！


けっきょくその夜、ゴールデンタイムに放送されるユーゴスラビア最大のニュースバラエティ番組に生で出ることになった。

中継会場となったのは市の中心部にある高級レストランである。

エレナが通訳をすることになり、事前にスタッフたちと綿密な打ち合わせをした。質問項目をチェックし、それに対するぼくの回答をエレナに話し、意思の疎通をはかっておく。

そのころにはぼくもやる気満々になっていて、どこで笑いをとろうかと自分なりに策略を立てていた。

本番がはじまった。

ゴールデンタイムの番組にしてはちょっと胸元があきすぎじゃないか？　と思うようなド派手な服を着た八頭身美人のレポーターがぼくを紹介する。エレナがそれに答える。ふたり

エレナとボイヤンとボリュームたっぷりの朝食。美味です。

にはさまれるようにして、ぼくは自転車とともに立ち、カメラに向かってニコッとほほえむ。さらに八頭身がしゃべる。エレナが答える。八頭身が驚いて何か言う。エレナが笑って答える。……ぼくのところにマイクはやってこない。奇妙なことに、ふたりのやりとりだけで中継は進んでいく。

それが五分ぐらいつづいたかと思うと、ようやくエレナを通してこんな質問がよこされた。

「ユーゴスラビアの女性をどう思いますか？」

「……きれいですね」

「それでは、レストラン〇〇から、ケイトがお送りしましたあ！」

それで収録は終わった。

ぼくの発した言葉は「きれいですね」のひと言だけだった。

内心呆然としながら、カメラの前を離れ、みんなのいるところに帰っていくと、スタッフたちはぼくに向かって「グッド」と親指を上げていた。ぼくは彼らの腕をつかみ、「何が？ねえ何が？」と詰問したいような衝動にかられた。

翌朝、エレナは赤ん坊を抱きかかえてぼくに見せながら手を振り、ボイヤンはぼくの手を握りつぶすような勢いで力いっぱい握手をした。

彼らと別れて走りだすと、夏の朝の涼しい風が顔にあたった。どこか青いイメージのあるベオグラードの町がゆっくりと流れていく。

しばらくすると、ひとりのおっさんがバイクで追いかけてきて、ぼくの横に並び、たどたどしい英語で言った。

「おまえ、きのうのテレビに出てただろ！」

町を抜けると、のどかな田園風景が広がった。しばらくすると車がやってきて、ぼくに並んだ。

「おまえ、きのうのテレビのヤツか？　おおすげえ、あははは！」

小さな町に着いた。高校生ぐらいの女の子がふたりやってきて、甲高い声で騒ぎながら握手を求めてくる。そこへおばちゃんがタタタタタと走ってやってくる。

「あんた、きのうの！」

さすがに、テレビの威力はすごいのである。

それにしてもなんて陽気なリアクションだろう。彼らの大仰な表情を見ているだけで、こっちも笑ってしまう。やはりセルビア人の明るさや人なつこさはどこか突き抜けている。

それを確信したのが次の日の国境だ。イミグレーションオフィスに入ると、役人たちがぼくを取り囲んだ。

「見たぞ見たぞ」と口々に言い、「ちょっとこっちに来いよ」とぼくを奥の部屋に連れていった。すぐにオレンジジュースが運ばれ、「どこから走ってきたんだ?」「セルビアはどうだ?」「セルビアの女はどうだ? (この国では何かと女の話をふられた)」とつぎつぎに質問が飛んでくる。ぼくも調子にのって、テレビで言えなかったアドリブをここで連発した。

ひとしきりみんなで笑ったあと、彼らはどんどん差し入れを持ってきた。缶詰、クッキー、ミネラルウォーター、それからさらに「ちょっと待ってろ」と言って、裏から何かを持ってこようとするので、「もういいもういい、これ以上は積めないから」と慌てて手を横に振った。すると「じゃあこれを持っていけ」と今度は机のなかからコンドームとエロ本(なぜかルーマニア産)を出してきた。

「これはまだ積める」

とぼくはそれを受け取って、彼らに敬礼し、次の国、ルーマニアに向かった。

しかし、エロ本はまあわかるとして(?)、なんでコンドームが国境管理事務所にあるんだろう?

世界一おおらかな旅人

西アフリカの一国、マリでのことだ。

草原にキャンプした翌朝、草をかきわけ道路に出ると、ひとりのチャリダーにばったり会った。

「ええっ⁉」

なんて偶然だろう。チャリダーには世界各地でけっこう頻繁に出会うが、アフリカの西部を走る者はそんなにいない。しかも相手は東洋人だった。年は四十過ぎぐらいだろうか。ものすごい寝癖だ。

「私は中国人です。リーと言います」

と彼はあいさつの言葉を抜かして、いきなり自己紹介をはじめた。かなりたどたどしい英語だ。不良連中にからかわれる教師、といった雰囲気である。

「世界一周してます。もう二年も走ってるね、三十五ヵ国まわったね、五万キロも走ったね！」

彼はたたみかけるようにそう言うと、次にバッグから新聞を何枚も取り出した。各国の言語で書かれた新聞だ。彼が写真入りでのっている。どうやらあちこちで自分の旅をとりあげてもらっているらしい。それらの新聞を一枚一枚広げながら、「ほら、ほら、これも、こんなに！」とぼくに見せてくるのである。サバンナの真ん中で。

新人タレントの売り込みのような勢いに、ちょっとめんくらってしまったが、ふしぎといやな感じはしなかった。自分のやっていることをなんとか伝えようとするその姿に、ひたむきさや朴訥《ぼくとつ》さがにじみ出ていたからかもしれない。それにしても海外を走る中国人チャリダーとは珍しい。

聞くと、リーさんはブルガリアで中華料理店を経営していたらしい。この世界一周の旅に出るにあたって店をたたんだというから、並大抵の意気込みじゃない。

リーさんは別のバッグから、今度は分厚い本を取り出してきた。見ると、中国語で書かれた旅行ガイドブックだ。その一冊で全世界を網羅しているという、えらく乱暴なしろものである。その巻頭の世界地図を指でなぞりながら、彼は自分の走ってきたルートを説明しはじめた。ブルガリアを出てヨーロッパを一周し、モロッコを経てこのマリまで。これでトータル五万キロ。

ん？　五万キロ？　なんでそんな距離になるんだ？　このルートならせいぜい三万キロぐらいじゃないか？

そんなぼくの疑問をよそに、リーさんは「ここからは先はこう」と現在地のマリからコートジボワールに指を移動させた。そこでぼくは聞いてみた。

「コートジボワールのビザ代はいくらでしたか？」

リーさんは平然と言ってのけた。

「ビザ？　持ってないよ」

「えっ？　国境じゃビザはとれないですよ」

「ええっ、ほんと⁉」

と彼は目を丸くした。これはたいへんだ。ビザを取りに首都のバマコまで二〇〇キロ近く戻らなければならない。

だがリーさんの顔からはすぐに狼狽《ろうばい》が消え、「ま、どうにかなるね」と言いながら、「えっと、コートジボワールのあとは……」とふたたび地図をなぞりはじめた。そうして彼の指が東へ東へと進み、アフリカの最東端に達したとき、ぼくは引っくり返りそうになった。ソマリアではないか！

「内戦状態ですよ！　旅行どころか入国もできないですって！」

「ええっ、内戦⁉」

リーさんは信じられないという顔でふたたび目を丸くするので、ぼくも信じられない思いで彼を見返した。どうやら情報収集をまったくしていないようだ（ソマリアが泥沼状態だというのは一般常識という気もするけれど）。

こりゃいろいろ教えてあげないとひどいことになるぞ、と思い、

「もっと大きな地図はありますか？」

と聞いてみた。

「ないよ」

「え？」

「地図はこれだけ」

リーさんはそう言って、さっきからルート説明に使っている『これ一冊でOK！　全世界ガイドブック』の大雑把な世界地図を指差したのだった。

一瞬、地上から音が消え、目の前が真っ白に光り、リーさんが後光に包まれた。ああ、なんて神々しいんでしょう。このお方は大天使さまかしらん。

「って、なんでやねん！」

もう一度そのガイドブックの地図をよく見せてもらった。地図の項は全部で十ページほど。それで世界五大陸をすべてカバーしているのだ。主要道だけは赤線で示されているものの、小さな町などはもちろんのっていない。いわば中学校や高校の『地図帳』で自転車旅行をす

るようなものである。

このときようやく、なぜ彼がここまで来るのに五万キロも費やしたのかがわかった。きっと……道を迷いに迷いまくってきたのだ。

リーさんはさんざんしゃべったあと、

「じゃあ、そろそろ行きましょうか」

と、ペアランするのがとうぜんのように言った。急な展開にちょっと戸惑いつつも、ぼくはこの人についていこうという気持ちに自然となっていた。

走りだすと、彼の自転車からはギコギコとひどい音が鳴った。これでよく旅ができるな、と感心するぐらいボロい自転車である。

しばらく走ると小さな村に着いた。食事を出している露店があったので、自転車をとめた。地面に置かれたイスに座り、ぶっかけメシを食べていると、村の子どもたちがどこからともなく集まってきた。動物園のチンパンジーを見るようにぼくとリーさんを眺めている。そんな彼らにリーさんは手品をやった。右手と左手の親指をL字型に折ってつなげ、くっつけた部分を人差し指で隠して一本の親指に見せ、それを瞬間的に離して指がちぎれたように見せる、という高等マジックだ。田舎の純朴そうな子どもたちも、さすがにその手品には驚かなかった。だがリーさんは指がちぎれるたびに「うあっ！　うあっ！」と激痛に顔をゆがめるのである。子どもたちは手品よりリーさんの熱演がおもしろいみたいで、場は温かい笑いに包まれ、そしてぼくはその様子を見ながら、唖然。となっていた。

　そんなリーさんともその日の午後には別れることになった。ある分岐点から、彼は南へ、ぼくは西へ向かうのだ。

　握手をしたあと、彼はギコギコと音をたて、コートジボワールに向かって走り出した。けっきょくビザを持たずに。何度か説得したのだが、彼は「大丈夫大丈夫、なんとかなるよ」と笑って取り合わなかった。

　おそらく、リーさんは国境で追い返されるだろう。そして、これからもさんざん無駄足を踏み、道に迷いつづけるのだろう。でもぼくは、そんな彼に羨望のようなものを抱いていたのだ。

　道の上に棒を立て、倒れた方向に歩いていく。子どものころに抱いていた旅のロマンを、彼の姿に重ねて見ていた。情報収集に努め、効率的に旅を進めようとするぼくなんかより、ずっとのびのびして、自由ではないか――。

　ふらふらと頼りなく自転車をこぐリーさんの姿が、だんだん小さくなっていく。その向こうには、広大な褐色のサバンナと、突き抜けるような青空が広がっているのだった。

世界一おおらかな女たち

アフリカの中部、ガーナの首都アクラでのことだ。

ぼくが泊まった安宿の一階にはバーがあり、そこにはたくさんの女性がたむろしていた。そしてぼくがひとりで飲んでいると「どう？」と声をかけてくる。私を買わないか、と。何人かの女性はぼくが買わないと知っても、すげなく立ち去るようなことはない。

「それであんたはここで何をしてるの？　え？　自転車で旅行？　あはは、あんたバカじゃないの」

そんな軽口をたたいては楽しそうに笑う。あるいは笑ったあとでふたたび誘ってくる子もいる。だからといって商売熱心という感じではなく、会話をおもしろがっているふうだ。

そんな彼女たちもその宿に住み込んでいて、つまりそこは売春窟のようになっているわけだが、暗さやいかがわしさはまったくなく、宿も酒場もあっけらかんとした笑い声に包まれていた。

ある朝、ぼくはシャワーを浴びに外に出た。

シャワー室は屋外にあり、その前は洗い場になっている。そこに若い女性がいた。彼女は衣類をコンクリートの地面にたたきつけながら洗っていたが、それをやめ、立ち上がった。何をする気だろう、と歩きながら見ていると、彼女は洗い場の隅のほうに行って、ぼくに背を向けて立ち、少し足を広げたかと思うと、立ったまま勢いよくおしっこをはじめた。足のあいだからしずくがほとばしり、朝の光にキラキラ照らされている。

ぼくはハニワ顔になって、しばし放心していたが、でもすぐに「ここはなんでもありやな」と笑いがこみ上げてきた。そのうしろを通って、シャワーの個室に入ろうとすると、別の女性が向こうからやってきた。ぽっちゃりした体に民族衣装をまとっている。彼女はこっちを見てニヤッと笑ったあと、身をすべらすようにしてぼくといっしょにシャワー室に入ってきた。そして自分の手で扉を閉めたあと、濡れたような瞳でぼくを見た。

「どう？　百ドルでいいわ」

朝っぱらからつぎつぎになんなんやここは、とまた吹き出しそうになったのだが、でも男の本能のほうはそうはいかなかった。彼女がゆったりした民族衣装を脱ぎはじめたからだ。甘いような酸っぱいようなきつい体臭が鼻をつき、豊かな胸が現れた。ぼくはしっかりそれを注視したあとで、

「ごめん、お金を払ってするのって、なんかダメで」

「どうして？」

「え？　いや、えっと、その……やっぱり愛がないと」

あほか、と思った。

彼女も「あなたおもしろいこと言うわねえ」と感心したような、あるいはバカにしたような顔でぼくを見たあと、言った。

「それどういう意味なの？　お金のやりとりと愛は関係ないわ」

なんだか妙な話になってきたな、と思いながら、ぼくは、いや、でも、その、と言葉をにごしつつ、彼女の胸をチラ見している。

すると彼女は相手を手玉にとったような顔でニヤニヤ笑いながら、言った。

「じゃあ結婚しようか？」

「はあ？」

「ほんとよ。日本人と黒人のミックスの子はかわいいわよ」

「いや、でも、その、俺は旅行中で、もうすぐここ出ていくから……」

彼女は含み笑いを浮かべたまま、品定めするような目でぼくをじいっと見た。それから肩をすくめると、あっさり服を身にまとい、

「じゃあね。グッドラック」

と言って出ていった。ぼくは薄暗いシャワー室にぽつんと取り残され、彼女が去っていっ

たドアを見つめた。

「な、なんなんだこの敗北感は……」

その夜、一階の酒場に行くと、彼女がいた。ほかの女性たちと談笑している。ぼくを見るとニヤリと笑い、

「一杯いただいてもいい？」

と近づいてきた。

名前を聞くとジュリエットと言った。年は二十一で、北部の田舎町から出てきたらしい。ふたりでビールを飲みながらしゃべっていると、若い黒人の男がやってきて、ジュリエットと現地の言葉で何か話した。それから男はぼくを見て、ちょっといやらしい顔で笑ったあと、出ていった。

ジュリエットが言う。

「あれ、私の兄よ、休暇でこっちに来てるの」

「え？　ここに泊まってるの？」

「そうよ、私の部屋にね」

「え？……まさかお兄さん、君の仕事のこと知ってるの？」

「あたりまえじゃない」

それが何か？　という顔だ。彼女があまりに天真爛漫な感じで話すので、つい立ち入ったことまで聞いてしまった。

「お兄さん、気にしないの？　その……君の仕事のこと」

「べつになんとも」

「それって、ガーナではふつう？」

「さあ、どうかしら？」

「親も知っているの？」

「まさか！」

　とジュリエットはそこでびっくりしたような顔をした。

「親には内緒よ。お母さんが知ったら泣き叫ぶわ」

　兄に対する感覚と、母親に対するそれとのちがいに、ちょっと驚いてしまうが、でもなんとなくそれがアフリカなのかもしれないな、と思った。まったくとりとめのないイメージだけど、必死で金品をせしめようとする子どももいれば、ぼくの落としたお金を拾い、走って届けにくる子どももいる。突き放されるくらいクールで現実的かと思えば、次の瞬間には、とても温かい目でこっちを見る。

「親には仕送りしてるの。政府の機関で働いていることになってるのよ」

とジュリエットは言って目尻を上げ、ネコのような顔でいたずらっぽく笑った。そのとき、彼女はずいぶんと幼い顔になった。ぼくは心がなごむのをおぼえた。

「君のお兄さんは何を?」

「太鼓の先生よ。前は日本人の女性を教えてたわ。でも、すぐに生徒と先生の関係じゃなくなったけど」

あはは、とふたりで笑う。

「結婚という話にはならなかったんだ?」

「すぐに別れたわ。残念ねえ。日本人と黒人のミックスはかわいいのに。ふふふ」

ジュリエットはそこで急に大人の女の顔に戻り、ふたたび誘うような目でぼくを見つめてきた。ぼくはあはは、と笑いながら、慌てて顔を上げた。店内にはリンガラが底抜けに明るい電子音で鳴りつづけ、ある女は笑い、ある女は音にのって、体をリズミカルに揺らしているのである。

世界一頭にくるポリス

メキシコでの話である。

ひとりの日本人チャリダーが荒野のなかを走っていた。そこへパジェロ型の車がやってきた。相手は警察手帳を見せ、言った。

「このあたりは強盗がたくさんいる、ひとりで走っていると危険だ、安全な地域までこの車で運んでやる」

チャリダーくんは言われるがまま、自転車と荷物を車の荷台にのせた。そして彼自身が助手席にのろうとしたところで、彼の前から車は走り去っていった。彼は身ひとつになって、荒野に取り残された。

また別の話。これもメキシコ。

日本人旅行者のＡくんが町なかを歩いていると、制服を着た数人の警官に呼びとめられた。ひとりの警官が拳銃を突き出し、「キャッシュカードを出せ」と脅した。Ａくんはシティバンクのカードを出した。彼らはＡくんを銀行のＡＴＭまで連れていき、拳銃をちらつかせながら暗証番号をたずねた。Ａくんはほんとうの番号を教える以外なかった。あげく口座にあった八十万円をすべて盗られた。

これらは両方とも人から聞いた話だ。だから脚色や誇張が入っているかもしれない。でもこのような話は世界じゅうに転がっている。

旅行者が用心しなければならないのは何も強盗だけじゃない。国家権力をバックにしているヤツらのほうが、ときとしてもっとタチの悪いこともある。

ぼくも一度、怪しい警官に会った。というか完全にニセ警官だったのだけれど。

場所はハンガリーの首都、ブダペストだ。

自転車と荷物を宿に置いて、ぶらぶら町を散歩していると、暗い目をした兄ちゃんが近づいてきた。

「両替しないか？」

必要ないからいいよ、と断って通り過ぎようとすると、相手はしつこく食いさがり、ぼくにくっついてくる。めんどくさいなあと思いつつ、あいさつ程度にレートを聞いてみた。

とそこへ、制服を着た小太りのオヤジがやってきた。浅黒くて汚ない顔をしている。オヤジは胸の内ポケットから《ＰＯＬＩＣＥ》と大きく書かれたバッジみたいなものを取り出して見せ、いかめしい顔つきで言った。

「おまえら何しとる」

ぼくは思わずプッと吹き出してしまった。典型的なパターンやないか。禁止されている闇両替の現場をとりおさえ、罰金を請求する。もちろんふたりはグルだ。

ぼくはニヤニヤ笑いながら言った。

「そんな手口、誰でも知っとるぞ」

ふたりとも無言でこっちを見ている。ぼくはその横をバイバイと言いながら通り過ぎた。オヤジは追いかけてこなかった。

そのときふと、あいつらを尾行してみるか、と思った。

どうせヒマだったし、彼らがどんなふうに仕事をするのかちょっと見てみたくなったのだ。角を曲がったところで身を隠し、彼らの様子をうかがった。警官であるはずのオヤジは闇両替の兄ちゃんと、顔を寄せ合って何か話している。ぼくはクックックと肩を震わせながらそれを見ている。

ふたりは広場のほうへと歩きはじめた。それについていくと、しだいに人通りが多くなってきた。

広場に着くと、兄ちゃんはひとりになって広場の中央に歩いていき、途中で振り返った。オヤジは野球の監督がサインを送るように、兄ちゃんに向かって手を振っている。なんと、ここまで露骨にやっていたのか。

ぼくはオヤジに気づかれないようにその横を通り過ぎて、オヤジの斜め前方、一五メートルぐらい離れたところに立ち、相手にわかるようにニヤニヤ笑ってやった。間もなくオヤジはぼくに気づいた。すると顔色を変え、こっちに向かって歩いてきた。ぼくはそれとなく後退しながら、相手との距離を保った。オヤジの顔は赤くなり、どんどん近づいてくる。さすがにヤバイなと感じ、人ごみにまぎれて逃げた。

とまあ彼らにはにくめない愛嬌があった。人をペテンにかけようとする様子は、場外から眺めているとなかなかおもしろい。

ほんとうに頭にくるのは、こういうタイプではない。

南アフリカのケープタウンで起こった事件である。

先にも書いたが、アフリカの後半からはふたりの仲間ができた。彼らアサノとタケシはもともと電車やバスでひとり旅をしていたのだが、ぼくと出会ったあと、現地で自転車を買い、ともに走りはじめたのだ。さらにナミビアからはジュンという男まで加わり、即席チャリダー隊は四人になっていた。

アフリカのゴール、喜望峰には四ヵ月かかって到着した。そのあともすぐには解散せず、喜望峰の近くの町、ケープタウンでのんびりした日々を過ごしていた。そうこうしているうちにジュンの誕生日が近づいてきた。

ぼくたちがいっしょに旅をしているあいだに、ジュンをのぞくメンバーの全員が誕生日を迎えた。そのたびに盛大なパーティをしたのだが、そのさい、誕生日を迎えたその本人をテーマにした歌をつくり、無理やりプレゼントするというのがならわしになっていた。

ジュンの誕生日を二日後に控えたある日、ぼくは公園でハーモニカを吹いていた。すでにできあがっている彼の歌にハーモニカのパートを入れることにし、音を探していたのだ。そこへひとりの男が近づいてきた。黒人で、二十代前半ぐらいか。

「何してるんだ？」

と男は言った。ぼくはちょっと身構えた。相手が少しも笑っていなかったからだ。

南アフリカの治安ははっきりいって悪い。このときぼくがいた公園はそれなりに人気のある場所だったが、男が近づいてきたときはたまたま誰もまわりにいなかった。

「友だちがあさって誕生日なんだよ。それで彼に歌を贈ろうと思ってね」

とぼくはできるだけ楽しい雰囲気で言った。すると男は少し頬をゆるめ、それからこんなことを言った。

「どれ吹いてみなよ。おれはミュージシャンなんだ」

ほんとだろうか、と一瞬思った。都合がよすぎやしないだろうか？　それとも、ぼくは南アフリカというだけで警戒しすぎているのだろうか。

そこへ、「ゆうさん、ハーモニカできたあ？」とタケシが歩いてやってきた。タケシも公園の別の場所で歌とギターの練習をしていたのだ。

男はタケシがギターを持っているのを見て、同志に会ったような顔をした。そしてそのギターを借りると、ブルースの即興曲をつまびいた。

「さすがミュージシャンだなあ」

とその演奏に感心しながらぼくが言うと、

「ま、そうはいってもストリート専門だけどな」

と彼は笑った。

それからこの黒人ミュージシャン、スヨをまじえて三人であぁでもないこうでもない、とハーモニカの伴奏メロディをつくった。それができあがるころには、みんながみんな何か言っては笑い合う、という雰囲気になっていた。スヨは最初、ちょっと神経質でとっつきにくいやつかなと思ったが、うちとけてくると、じつはかなりひょうきんな男なのだった。

その数日後、ひとりで町を歩いていると、前からスヨがやってきた。彼は手をあげて、「ユースケ！」と叫んだ。えっ、と意外な感じがした。一度会っただけなのに、名前をきちんと覚えてくれているなんて。

スヨは町で偶然ぼくに会ったことに、思いのほか感動しているみたいで、興奮した口調で話し、終始人なつっこい、子どものような笑みを浮かべていた。ぼくは最初に会ったときの彼のむっつりした顔を思い返し、そのあまりの差に内心おかしくなった。シャイなやつなんだろうな。

話は前後するが、タケシはこの旅をはじめるとき、中国人民チャリを買った。一台六千円の安物だけあって、四ヵ月走って旅を終えるころには、人民チャリはボロボロになっていた。しかしまだじゅうぶんのれるし、捨てるのはもったいない。

そこでスヨにプレゼントしようということになった。そのことをスヨに話すと、彼はとても喜んだ。

スヨは約束の時間よりも早く、ぼくたちのいる宿にやってきた。

その宿の前で贈呈式がおこなわれた。なんのかんのとうんちくを述べたあと、みんなで拍手し、タケシの手から自転車がスヨに渡された。スヨはさっそくそれにまたがり、おどけた調子でペダルをこいで、のびのある声で「アーッ」と上機嫌に叫び、ぼくたちを笑わせた。それから彼はぼくたちに握手をしてまわった。

「これで日本まで来いよ」

とぼくが言うと、スヨは顔をしわくちゃにして笑った。

「百年かかるよ！」

そのときだった。

一台のパトカーが猛スピードでやってきたかと思うと、ぼくたちの前でキキイッと音を立ててとまり、なかからドドドッと四人の白人警官が降りてきた。

「おまえら動くな！」

一瞬、ぽかんとなった。まるで刑事ドラマを見ているみたいだ。この近くで凶悪犯罪でも起こっているのだろうか？

その四人のうち、最もでっぷりした男がぼくを見すえて言った。

「おまえ壁に手をつけ！」

はあ？　なんだ？　事態が呑み込めないまま、声が聞こえたのでスヨのほうを見た。胸の奥がすうっと冷たくなった。

彼は地面に両膝をつき、建物の壁に両手をつけ、犬のようなかっこうをしていた。その上に警官がのしかかり、何かを探すようにスヨの体を触っていた。スヨはおびえきっていた。警官の詰問に弱々しく答え、そのたびに怒鳴られ、頭を殴られていた。その横でタケシも立ったまま壁に手をつかされていた。

「どういうことじゃこれは！」

ぼくは目の前のでっぷりした男に詰め寄った。男はぼくをにらみ返し、野太い声で怒鳴り返してきた。

「さっさと壁に手をつけ！」

「あほか！　ふざけるな！」

そこへアサノが割って入った。

「ゆうさん、よそう。ここは従っておいたほうがいい」

たしかに、話し合いの余地が残されていないのは、彼らの目を見れば明らかだった。

けっきょくぼくたちは全員、壁に手をついたかっこうで、警官たちから身体検査をされた。服の上から体を触られ、すべてのポケットに手を突っ込まれた。こんな目に遭ったのははじめてだったが、それはテレビドラマなんかの印象とはまるでちがった。なぜこんな屈辱を受けなければならないんだ。ぼくは怒りで頭がくらくらした。あとさき考えずに振り返り、なぐりかかっていきたい衝動を必死でこらえていた。

彼らの探しているものはとうぜん、ぼくたちやスヨからは出てこなかった。ぼくはでっぷりした男につばがかかるほど顔を近づけて、言った。

「アンド、ソーワット（それで、どうするんじゃ）？」

相手は何も答えず、ぼくをにらみ返している。

「このおとしまえはどうつけるんじゃ？　おお」

「笑いたけりゃおれを笑え、それでいいだろ」

「なに？」

「笑えよ！　ほら笑ってみろよ！」

警官は顔を紅潮させ、気がふれたように「ラフ（笑えよ）、ラフ！」と連呼した。何かにつかれたようなその目を、ぼくはあっけにとられて見ていた。さらに警官は英語からアフリカーンズ（南アフリカの言語）に変え、こちらが理解できないのをいいことに、好き勝手にわめきちらし、あざけるように笑った。

このクソ野郎――。ぼくはますます頭に血がのぼるのをおぼえたが、その一方で、相手の奇矯《ききょう》な態度を前にして、急速に突き放すような気持ちになっていった。

こいつはバカだ――。

「おまえの名前を言え」

とぼくは言った。相手は心なしかひるんだ表情を浮かべた。しかし相変わらず傲慢な姿勢を崩さなかった。ぼくはさらにつづけた。

「おれはジャーナリストだ。おまえのことや、この国の警官のことを書くからな」

「好きにしろ」

男はそう言って、自分の名前を告げた。ほかの三人の警官の名前も全部控え、さらに警察手帳の提示を求めて、名前が合っていることを確認した。

警官たちが去ったあと、スヨはぼくたちの手をとり、何度も謝った。おれのせいでこうなったんだ、おまえたちをこんな目に遭わせてほんとうにすまない、許してくれ。彼の目には涙がたまっていた。さっきまでのはしゃいでいた様子と比べ、この表情の変わりようはいったいなんなんだ、と思った。この短時間に何が起こってしまったというんだ。こんな目に遭ったというのに、スヨはなぜこんな情けない顔をするんだ。

「君が悪いわけないいじゃないか」

ぼくたちは口々にスヨをなぐさめた。

彼はしばらく目を赤くしていたが、そのうちようやく笑みもこぼれはじめた。最後にはなんとか場の雰囲気も持ちなおし、スヨはタケシからゆずりうけた人民チャリにのって、笑顔で手を振りながら去っていった。

あとでわかったことだが、ケープタウンの町には、いたるところに監視カメラがついていて、ドラッグの売買などが疑われる現場に、すぐに警官が駆けつけるというシステムになっているらしい。

南アフリカの治安は、世界的に見ても、おそらく最悪の部類に入る。最大の原因はアパルトヘイト政策によって生まれた、とてつもない貧富の差だろう。世界で最も美しい町のひとつといわれるケープタウンの、瀟洒な市街地の外には、地平線を覆い尽くさんばかりの広大なスラムがあった。

経済的にも精神的にも虐《しいた》げられた黒人たちが犯罪に走るのはとうぜんだ。それを考えると、いまのこの国の治安問題は、アパルトヘイトなどの人権侵害を平然とおこなってきた白人たちに根本的な責任があるはずである。しかしそんな認識が、あの警官たちに、ほんのわずかでもあっただろうか？

アパルトヘイトは一九九一年に撤廃された。しかし生活の格差は依然として大きい。それに、差別を助長する政策がなくなったとはいえ、人の心から差別意識が完全になくなるのは——もしそれが起こりうるとして——はたしていつのことだろうか。

あのスヨの姿が、頭に焼きついて離れなかった。

ひざまずき、犬のようなかっこうで、警官たちに許しをこう、あの彼の姿が。そしてぼくたちにまで謝罪する彼の濡れた瞳を思い出すたびに、怒りが鈍痛のように浮かび、いつまでも消えずに、胸のなかを重苦しく漂う。

世界一見とれた笑顔

夕陽が、シリア砂漠を金色に染めていた。

見わたすかぎり地平線の広がる、真っ平らな砂の海である。その大地の上に、コンクリートづくりの簡素な家が一軒、ぽつんと現れた。

うしろには羊たちの群れが見える。砂漠といっても、乾いた草はまばらに生えており、放牧しながら暮らしている人たちがいるのだ。

家の戸をノックしてみた。

顔を出した、いかにもアラブふうの恰幅のいいおじさんは、ぼくを見た瞬間、ほとんど表情も変えずに家のなかに手招きした。ぼくに何も聞きはしない。「おう、待ってたぞ」と言わんばかりだ。もちろん、おじさんとは初対面だ。

「シリア」と聞いただけで、ちょっとこわいイメージを持っていた。

というより、このあたり中近東にあるイスラムの国々、すなわちシリア、ヨルダン、レバノン、イラン、イラク……どれもすべてひとからげにして、危ないイメージでくくっていた。

戦争に、テロに、マシンガン。ニュースを見れば、瓦礫《がれき》の山に、泣き叫ぶ母親、その背後では黒い煙があがっていて……云々。

それらはウソじゃない。

でもメディアはそこだけしか流さない。

それだけを見て、中近東諸国は危険でファナティックだと決めつけるのは、やはりちがう。じっさいそのイメージと現実は大きく異なっていた。

シリアは治安的にはまったくといっていいほど問題がない。あるいは日本よりもいいかもしれない。町にはのんびりしたムードが流れていて、夜ひとりで歩いていても不安をおぼえることはまったくなかった。

くわえて人々の親切ぶりには驚くばかりである。夕方村に着き、自転車をとめるとすぐに人が集まってきて、家に招かれる、ということがほんとうに何度もあった。

このあたりの感覚も、やはりイスラム教の教えに根ざしているようだ。聖典であるコーランには「客人をもてなすように」という一節がある。

砂漠の一軒家である。

おじさんについて家に入ると、なかにふたりの子どもがいた。日本でいえば中学生ぐらいだろうか。

四方の壁は剝き出しのコンクリートだが、床にはアラブ特有の赤いじゅうたんが敷かれていた。部屋の真ん中には石油ストーブが置かれている。

日本と同じように靴を脱いであがった。四人であぐらをかき、静かな座談会がはじまる。

「どこから来た？」

日本です。

「どこまで行く？」

次はトルコです。

「ひとりか？」

そうです。

ぼくのアラビア語はそうとう怪しいが、質問の内容は世界じゅうどこでもだいたい同じなので、ジェスチャーをまじえればそれなりに会話ができてしまう。

ひととおり自己紹介が終わったところで、家の隣にキャンプさせてほしいと申し出た。するとおじさんは「ラー（ノー）、ラー」と言い、自分の足もとを指差して寝るポーズをとった。どうやらこの家のなかで寝ていけ、ということらしい。

「いやいや、テントがあるから大丈夫」と言っても、相手は一歩も引かない。けっきょくこっちが折れることになった。

やがて部屋に沈黙が訪れた。ぼくのアラビア語とジェスチャーだけではさすがに会話がもたない。彼ら同士も話をするわけではなく、なぜかぼうっと宙を見て座っているだけだ。妙な雰囲気である。男が四人、砂漠の上の、コンクリートの四角い小さな部屋で、何も話さず、ただ宙を見つめ合っているのだ。しかしふしぎなことに気づまりな感じはなかった。ぼくがここにいても、彼らの日常にはなんの変化もなく、いつもの時間が流れているんじゃないかと思えた。ときどき彼らと目が合った。ぼくたちは無言でほほえみ合う。

腹が減ってきたので立ち上がった。おじさんは「どこへ行く？」と問う。メシの支度をする、と答えると、ふたたび「ラー、ラー」と言う。

「おれたちがおまえのぶんも用意する」

今度はぼくも負けじと言う。ラー、ラー。

「そこまで世話になるわけにはいかないよ」

自分は甘えすぎているんじゃないか、とこのごろよく考えていたのだ。それぐらいシリアでは何度ももてなされてきた。

おじさんはそれでもやはりラーラーと言っていたが、ぼくはそれに耳を貸さず、外に出ようとした。するとおじさんは次男らしき子の背中を押した。次男はサッと立ち上がってぼく

シリア砂漠の一軒家で。そういえば、彼らの家族には小犬もいました。

の横をすり抜け、外に飛び出した。そうはさせるか、とぼくも慌てて外に出た。

次男は外にある台所でメシの支度をはじめた。そのすぐ横でぼくも自転車からバッグを外し、なかから鍋を取り出してそれに米をあけた。やっていておかしくなってくる。まるで競争じゃないか。

でも勝負ははじめからついているのだ。彼らの料理は卵を炒めるだけ。それにホブスと呼ばれる円形の薄いパンと、ヨーグルト、それにオリーブの実を添えればできあがりだ。次男はそれらを銀色の大きな丸いお盆にのせると、ぼくに見せて、にっこり笑った。

「ほら、もうこれで君が料理をつくる必要はないんだ」

「…………」

ぼくは茫然としながら少年の目を見た。その黒い瞳には、子どもの輝きと同時に、老成したような落ち着きのある色が浮かんでいた。年配の人から肩に手を置かれるような安心感を、ぼくはふとおぼえたのだ。そのとき、あらためていろんなことがふしぎに思えてきた。

なぜ彼らは、さっき知り合ったばかりの他人を、こんなふうに迎えることができるんだろう?

イスラムの教義はたしかに大きく影響しているかもしれない。でもこのとき、ぼくの頭には別のことが浮かんでいた。

海のように広い大地の上で、日の出とともに目覚め、夜の訪れとともに眠る。そんな暮らしのなかで、子どもたちはどんなふうに育ってきたのだろうか。そして人々はここで、どんなふうに他人と関わって生きているのだろうか。

太陽はすでに地平線のかなたに沈んでいた。お盆の上の料理を見せる少年の、まだあどけなさの残る笑顔の向こうには、高く澄みわたったピンク色の空が広がっていた。

その夜、彼らと肩を寄せ合って川の字に寝た。

布団は床運動のマットのようにずっしりと重く、ほこりのにおいがした。張りつめた静寂のなかに、彼らの寝息がくっきり浮かんでいる。コンクリートの壁の向こうの砂漠を想像した。しだいに気持ちが広がりはじめ、かつて住んでいた日本の部屋や、そのころの自分がつぎつぎに思い出されていった。

それからふたたび、親子の寝息が耳元で聞こえはじめた。彼らとこうして、砂漠の上に寝ているということが、なんだかひどくおかしく感じられ、口元がゆるんだ。幸福だな、と思った。ぼくは重い布団のなかで少し丸くなり、深い眠りのなかに入っていった。

［第六章］

世界一すごいところ

世界一美しい町

チェコの首都プラハ。

世界一美しい町だぜ。と、とくに西洋人の旅行者から何度も聞いていた。

中心部を歩くと、たしかにすごい。

教会の尖塔や、豪壮なアーチや、赤い瓦屋根の家並みなどが、中世の空気に包まれて建っていて、まさに町全体が芸術作品のようである。

〝だから〟というべきか、〝だけど〟というべきか、どうもぼくにはピンとこなかった。息を呑むほどに美しいのだけど、なんだかそれだけなのだ。人々がここで暮らし、泣いたり笑ったり、という人間くささがあまり見えてこないのである。

もちろん、中心部から外れていけば、人や生活のにおいはそこかしこにあった。でもそれならべつにプラハじゃなくてもいいんじゃないかという気がする。やはり町の顔になっている〝中心部〟ににおいがなくては、たんなる旅行者のぼくにはさほど〝魅力的な町〟には映らない。

と思っていたら、この町にも一ヵ所だけ、強烈なにおいを放っているところがあった。

プラハで最も有名な観光スポットのひとつ、カレル橋。六百年前につくられたヨーロッパ最古の石橋で、周辺には露店がたくさん出ている。それらを冷やかしていると、ひとりのじいさんのところではたと足がとまった。

みすぼらしいコートを着た、ホームレスのようなじいさんだった。しかし彼は路上に立てたイーゼルの上で、熱心に油絵を描いている。すぐうしろで絵を凝視し、かつ唖然となっているぼくのことなどお構いなしに。

じいさんのまわりに大量に並べられた絵には、どれもプラハの町らしきものが描かれていた。しかし、こう言ってはなんだけど、よくこれだけ人のいる場に広げる気になったな、と驚いてしまうような絵である。どれも異様に赤だらけで、線がぐにゃぐにゃしていて、まるで真っ赤なミミズがのたうちまわっているような絵だ。前衛でもなければシュールでもない。単純に、びっくりするぐらい下手である。

しかしそこで、はたと足がとまったのには、別の理由があった。絵という絵すべてに、妙なものがいたからだ。美しいプラハの町に、これ以上のミスマッチがあるだろうか。

鬼である。

真っ赤な肌の、脂ぎったオヤジ顔。頭には二本の角が生え、表情はといえば、どの鬼もコッテリした笑顔、キャバ嬢をエロトークで口説いている課長、という感じで、そんな鬼たちが町の点景としてではなく、思いっきり前面に描かれているのだ。それがユーモラスでもなんでもなく、ひたすら気色悪い。二日酔いの朝には見たくない。だけどつい目が吸い寄せられてしまう、すさまじい毒々しさ。いったい誰がこの絵を、お金を出して買うというのか。

あらためてじいさんの背中を見た。相変わらず一心不乱にキャンパスに絵の具を重ねている。その絵にもきちんと鬼はいた。

ぼくはじいさんがどんな顔をしているのか見たくなった。そこでそろりそろりとまわりこみ、彼の前方に出た。その瞬間、ギクリとなって腰が引けた。じいさんはひとりでニヤニヤ笑い、恍惚の表情を浮かべていた。そして絵筆を動かしながら、キャンパスに向かってぶつぶつ話しかけていたのだ。絵も異様なら作者も異様だった。そのとき思った。じいさんには、町じゅうに跳梁跋扈《ちょうりょうばっこ》する鬼が見えているにちがいない、と。きっと彼はそれを描いて人に伝えないと気がすまないのだ――。

そしてやはり、というかなんというか、あとになってプラハを振り返ると、無味無臭だった町そのものはかなり曖昧《あいまい》な印象になっているのだが、唯一あの絵の、鬼のコッテリした笑顔は鮮明に記憶に残っているのである。というか消えてくれない……。


では本題に入ろうと思うが（じゃあいままでのはいったい?）、ぼくにとっての〝世界一美しい町〟である。

頭にぱっと浮かぶのはふたつ。

まずはフィレンツェ。

ヨーロッパのなかで日本人の観光客がいちばん多いのはイタリアだそうだが、まあそれはそうだろうなと思う。

ほかのヨーロッパ諸国と比べても、この国だけ感じがちがう。しっとりしていて、昔の映画でも観ているみたいだ。家の窓枠や、壁のレンガや、柱、どれもがいかにも古い。そしてどこを切り取っても絵になるように思える。

そんなイタリアのなかでも、フィレンツェはさらに別次元にあるように感じられた。

朱色の町をくぐり抜け、目の前に突然、ドゥオモ（大聖堂）が現れたときは、慌ててブレーキをかけた。

「小山のようだ」と誰か歴史上の人物が言ったらしいが、たしかに、その巨大なドゥオモは、見上げていると覆いかぶさってくるような圧迫感があった。しかもおそろしくモダンだ。白、ピンク、緑が幾何学的に配されたデザイン、さらにはすべてが大理石という信じられない豪華さ。そしてつくられてから五百年以上を経ているという、年月の重厚感。

西欧は宿が高いので、基本的に森にテントを張って泊まっているのだが、こういうところではさすがに金を惜しんではいられない。町をじっくり見るために宿をとり、翌日は早朝から市街を歩きまわった。

ルネッサンスの中心地だっただけあって、いたるところに手の込んだ彫刻があり、意匠を凝らした建物や橋があった。

町なかのひとつのブロンズ像に目がとまった。少年のような天使が、片手に剣を持ち、もう片ほうの手には人の生首を持っている。その切り口からはどろどろと血が垂れている。天使はその首を天に向かって堂々とかかげているのだが、その顔を見ると、悲しみを一身に背負ったような表情を浮かべている。名前も知らない作者の、その彫像の前で、ぼくはしばらく動けなくなる。

そのすぐそばにはジェラートの屋台が出ている。太っちょのおじさんが客の若い女性に向かって大仰な顔で何か冗談を飛ばしている。陽光に甲高い笑い声が響いている。

夕暮れが近づくと、缶ビールを買って中央広場に行き、ベンチに座ってドゥオモを眺める。大理石の建物は、夕日を浴びて輝き、しだいに色を変え、やがて透きとおるようにピンク色になっていく。この色の変化を、ドゥオモはここで五百年以上くりかえしてきたのだ。

ビールが空になるとドゥオモのほうへ歩いていく。柱に手を触れてみる。大理石はひんやりと冷たい。全身で柱に抱きついてみる。体じゅうに何かが染み込んでくるように感じられる。ずっしりしたその感触を味わいながら、ぼくはしばらくセミのように教会の壁にくっついていた。

その翌日、町を出る予定だったのだが、朝になると何かもの足りないような気がしてきた。迷ったあげく、もう一泊することにし、朝から晩までふたたび町を見てまわった。

そして三日目の朝、ぼくは心変わりしないようにきびきびと荷物をまとめて自転車にのせ、町から逃げるように出発した。

ところが流れていく彫刻や柱や窓枠を見ていたら、どうにも去りがたくなり、「うーん、どうしよう、どうしよう」とうなりながら市内をぐるぐるまわった。そのうち午後になってしまい、「もう昼も過ぎたし、ここは無理せず出発は明日にしよう」と自らに言い聞かせ、ふたたび町をつぶさに見てまわった。そして日が暮れると、丘の上の畑に行って、畝《うね》と畝のあいだにマットを敷き、星を見ながら寝た。

さらに翌朝、眼下に広がる朱色の町並みを見て、引っ張られるようにそっちにおりていこうとしたが、

「ええい、あほか！」

と自分を叱責、町を背に走りだし、ようやくフィレンツェを去ることができたのだった。

正直なところ、町の「マイベスト」にフィレンツェをあげるのには少し抵抗感があった。

できればあまり知られていない町を選び、「へえ、そんなところがあるんだ」と感心してもらいたい、などというつまらない考えがあったからだ。でもどの町もフィレンツェと並べると迫力負けするように感じられてしまう。ルネッサンスの花が開いたこのイタリアの古都は、小男のしょうもない見栄がひれ伏すぐらい、圧倒的に輝いていたのである。

〝世界一美しい町〟のもうひとつは、シルクロードの要衝として栄えたブハラだ。中央アジアのウズベキスタンにある。

なんといっても色がいい。町全体が淡い肌色で、そのあちこちにターコイズブルーのドームが浮かんでいる。その肌色と青のコントラストがあまりにも鮮烈で、ここほど幻想的な町もないんじゃないかと思えた。

くわえて四つ辻には十五、六世紀につくられた屋根付きのバザールがあり、いまでもそこではじゅうたんや民族衣装が売られている。シルクロードを旅しているな、としみじみ感じさせてくれる町なのだ。

朝早く起きて町を散歩する。角を曲がったところで、ハッとなって足がとまる。巨大なマドラサ（イスラムの神学校）が広場に建っている。その建物も日干しレンガでできていて、町と同じく淡い肌色だ。そして正面の壁には、青タイルの装飾が一面に施されている。緻密で幾何学的な紋様――アラベスクだ。ハッとなったのは、朝日の光が、そのブルーのアラベスクをキラキラ輝かせていたからである。

そのマドラサの前は広場になっていた。ぼくはその片隅に座り、アラベスクの光るさまを眺めた。その前をゆるやかに人々が行きかう。母親が木製の乳母車に子どもをのせ、通り過ぎていく。ガラガラという音が朝の静寂に響いている。そこへ髪の長い女性が歩いてきて、母子とすれちがう。彼女は輝くような黄色い民族衣装を着ており、アラベスクのまばゆい光のなかに溶け込んでいく。そういった光景を飽きもせずに眺めつづけた。

この町は美しいだけじゃなく、〝におい〟がある。チェコのプラハは一回見れば「はい、確認作業終わり」となるのだが、ブハラのような町はぼくの足をとめる。明日出よう、明日出よう、と考えながら、出発は一日、また一日とずるずるのびていくのである。

と、訪ねた町をいろいろ思い返しているうちに、このふたつだけで終えるのが忍びなくなってきた。気に入った町はまだまだたくさんある。そこでたんなる羅列になるけれど、ぼくにとって印象的だった町をあげておこう。

サンフランシスコ、メキシコのグァナファトおよびサンクリストバルデラスカサス、エクアドルのキト、アルゼンチンのウシュアイア、エストニアのタリン、フランスのサラー、スコットランドのエディンバラ、イングランドのコッツウォルズ地方の村、スペインのバルセロナとグラナダ、およびロンダをはじめとするアンダルシアの村々、クロアチアのドブロブニク、モロッコのラバトの旧市街、南アフリカのケープタウン、イスラエルのエルサレム、インドのバラナシとアヨディヤ、ネパールのカトマンズ、ベトナムのホイアン。

つけくわえておくと、これらは地図を見ずに、いまパッと頭に浮かんだ町たちだ。

世界一孤独な場所

岩だらけの荒涼とした海岸に、キャンピングカーが一台ぽつんととまっていた。タイヤが外され、車体のあちこちに錆が浮かんでいる。捨てられているのかな、と思ったが、窓のところに花瓶が置かれ、黄色い花が生けられていた。

どうやらこのキャンピングカーは家として利用されているらしい。その様子からすると、もう何年もここに〝停泊〟しているようだ。

この車のあるじは、旅路の果てに、ここを定住の地と決めたのだろうか……？

スコットランド西部。八月だというのに、冷たい風が木枯らしのような音を立てて吹いていた。海は青銅のような暗い色をしていて、その一面に白い波頭が立っている。見ているだけで気分が重くなってくるような、いかにも最果てといった景色である。人家はきわめて少なかった。

「おや？」

またキャンピングカーだ。さっきと同じようにボディにはあちこち錆が浮き出ている。タイヤはいちおうついているが、この車が動かないことは一目瞭然だった。洗濯物が激しくはためいていた。男がひとりで住んでいるようだ。どこで洗濯しているんだろうと考えていると、それが視界に入り、ほんの一瞬、あたりが日だまりに包まれたように明るくなった。そのキャンピングカーの窓にも、野で摘んできたような黄色い花が生けられていたのだ。その飾られ方や花の色が、さっきとまったく同じだったので、ちょっと興をおぼえた。しかしそのすぐあとに、ひとりで花を生けるあるじの姿が頭に浮かび、目の前がふたたびフッと陰った。

それからも、その奇妙な〝住居〟はぽつぽつと現れた。

おもしろいもので、二台以上が並んでとまっていることはなく、決まって一台ずつ、互いに相手の存在をまったく意識しないですむぐらいの距離――少なくとも十キロぐらいだろうか――をあけ、しかもまわりに人家のないところを選んで、人目を忍ぶようにひっそりと停泊している。

それぞれ事情はちがうにしても、彼らは社会のしがらみのなかで生きるよりは、自由気ままに生きる道を選んだ者たちだろう。そんな漂流者たちが最終的にたどりついた場所は、孤独に浸るにはじゅうぶんすぎるようなところだった。

彼らはここで、日々何を感じながら暮らしているのだろう？

キャンピングカーは潮風にさらされ、ただ朽ちていく。なかには廃船のように、完全に錆に食いつくされてボロボロになっているものもあった。まさか人はいないだろうな、と窓を見ると、車のなかは、洞窟のような、底知れない暗さに覆われていた。ふいに胸の奥から冷たいものがわきあがってきた。このあるじは、この車と同じように、人知れず死んでいったのだろうか。

彼らは……満足だったのだろうか？


その日はうっそうとした森のなかにテントを張った。

夜半から強い雨が降りはじめた。テントを叩く雨の音を聴いていると、なんだかたまらない気持ちになった。

次の日も雨足は弱まることなく、地上のすべてをぐっしょりと濡らしていた。とても走る気になんかなれない。そのまま森に連泊することにし、持っていた文庫本を開いた。

読書に飽きると手紙を書いた。昼間だというのに、テントのなかは日没後のように薄暗かった。ペットボトルでつくったキャンドルスタンドにろうそくを立て、火をともし、その淡い光の下でペンを走らせた。

書くのに疲れると、ふたたび読書をした。友人が送ってくれた本——池澤夏樹の『スティルライフ（静物）』。

雨は弱まることなく降りつづけていた。テントの天井からポタ、ポタ、としずくが垂れ、寝袋を濡らしていく。気がつけばぼくはため息ばかりついている。

ようやく夜になったが、雨は相変わらず降りつづけていた。

テントの入り口のひさしの下で晩メシをつくった。

コンロに火をつけるとゴーッという音が森に響いた。米を炊き、そのあと、別の鍋で野菜を煮込み、固形ブイヨンを入れる。すべていつもどおりだ。ぼくは何も考えず、機械のように手を動かしている。

火をとめると、急に静かになった。雨の音がふたたびパサパサと浮かび上がってくる。

ごはんと野菜スープを前にして手を合わせ、ひとりでボソッと言う。

「いただきます」

夜が更けてからも雨は強く降りつづけた。一日は長いようにも短いようにも感じられた。

ぼくはテントの天井を見つめながら考えていた。

このまま明日も雨が降れば、自分はこの森にまたとどまるのだろうか？

一日じゅうテントに寝転がって雨の音を聞き、何かを口に入れ、排泄し、また何かを口に入れ、やがて夜が訪れ、眠りにつく。そんな同じ日々が、これからも延々とつづくように思えた。意識の奥底から、あるイメージがぼんやりと浮かびあがってきた。独房に膝を抱えて座っている、ひとりの自分……。

ふいに、廃船のようにボロボロになったキャンピングカーが、脳裏によみがえってきた。ついでその車の、洞窟のように暗い窓が、目の前に姿を現した。

枕元に視線を移した。ろうそくの下のペットボトルには、おびただしい量のろうが垂れ、鍾乳石のようになっていた。そこに投じられた淡い光と影を、長いあいだ見つめていた。

ひどい寒さだった。胸の奥から耐えがたい寒さがつぎつぎに押し寄せてきた。ぼくは寝袋にくるまってひとりでガタガタと震えていた。テントを打つ雨の音は、いっこうに弱まる気配がなかった。

世界一ノスタルジックな国

並木道。ふさふさした濃緑の葉が、頭上まで生い茂っている。まだら模様の黒い影が道の上で揺れ、セミの声が四方から聞こえてくる。どこかなつかしい香り。木のにおいだろうか。中央アジアの一国、キルギスを走っている。日差しの下は猛烈な暑さだが、この〝緑のトンネル〟のおかげで、街道沿いはずいぶんと過ごしやすい。

ときどき木々が途切れ、村が現れる。切妻屋根の木造の家が並び、板塀が家を取り囲んでいる。日本の田舎に帰ってきたみたいだ。

老人が二十人ぐらい、板塀の前に置かれた長イスに座っていた。バスを待っているわけじゃなさそうだ。ただ座って、談笑している。ひとりがぼくに気づき、それが波のように伝わって、全員がこっちを見た。みんなほがらかな笑みを浮かべている。伝統的なフェルト製の帽子をかぶっていなければ、日本人と見まちがえそうだ。それぐらい、顔がよく似ている。

彼らにちょこんと頭を下げる。何人かがつられるように頭を下げ、何人かは手を振った。

並木の向こうから、ひとりのおじさんが馬にのって、歩くぐらいのスピードでやってきた。すれちがうとき、ぼくたちは笑顔で会釈する。カッポカッポというのんきなひづめの音が、緑のトンネルにこだましている。

一軒の商店が木立のなかに現れた。古びた木造の建物で、ひと昔前の日本の駄菓子屋にそっくりだ。自転車をとめ、ソーダ水を買った。それから巨木のわきのベンチに座って少し休むことにした。

うしろから十歳ぐらいの子どもがふたりやってきた。木の陰にいるぼくに気づかず、目の前を通り過ぎていく。ふたりとも坊主頭で、色のあせたシャツを着ている。そしてやはり、日本人と同じ顔だ。

ひとりが手にしているものを見て、お、と興がわいた。木の枝でできた弓矢である。ぼくも子どものころによくつくったものだ。

しだいにふしぎな気分に包まれはじめた。ユーラシア大陸の真ん中にある、この名前も知らなかった国で、自分の故郷にあったものとまったく同じ遊びが、同じ顔をした子どもたちのあいだでおこなわれているのである。空想がどんどん広がり、時間も空間も飛び越えていくようだった。

少年たちはぼくの前を通り過ぎたあと、木にたてかけられた積み荷だらけのぼくの自転車に気がついた。ふたりは同時にこっちを振り返った。そして彼らと目が合った瞬間、ぼくはあっと声をあげそうになった。足元からぞくぞくと寒気が立ち上がってきた。少年たちはも

キルギスの村。彼らがかぶっているのはカルパックという伝統帽子。

じもじと遠慮深そうに、ぼくと自転車を交互に眺めている。

このとき、ぼくは自分自身を見たような気がしたのだ。野山を一日じゅう駆けまわり、遊ぶことしか考えていなかった、かつての自分自身に、何かの拍子でばったり鉢合わせした——そんな錯覚に、ほんの一瞬、包まれたのである。

ぼくは口をあけたまま、ふたりを凝視していた。そんなぼくを、少年たちはへんな顔で見ている。やがて彼らはきびすを返し、緑のトンネルの向こうへと歩きはじめた。カッポカッポと馬車がうしろからやってきて、ぼくのすぐ横を通り過ぎ、ついで小さな彼らを、ゆっくりと抜かしていった。

世界一のんびりしたところ

海外に行き、ひとりで町を歩いていると、ふいに、自分のまわりがスローモーションになったように見えることがある。時間がゆっくり流れているんだな、と感じる。そして、日本の社会は気ぜわしい証拠だよな、などと思ったりもする。でもじつはそうじゃない。場所に関係なく、たぶん旅という行為そのものが〝体感時間〟に変化をつけるのだ。なぜならべつに海外に行かなくても、国内だろうと、ふだんの生活圏からちょっと外れれば、時間はのんびりと流れだすのだから。

といいつつ、時間の流れ方は、やはり国や地域ごとでずいぶんとちがっていて、ぼくが最ものんびりしていると感じた地域が、旧ソ連の国々、とりわけここ中央アジアだ。

イランから中央アジアの一国、トルクメニスタンに入り、最初の町、マルイに着いたときは、えっ？　と道路を見て、頭が一瞬真っ白になった。片側二車線の立派な大通りなのに、車がごくごくまばらにしか走っていなかった。そしてどの車も、いくらでも飛ばせる状況なのにもかかわらず、自転車でもついていけそうなぐらいのスピードで走っているのだ。異次元にでも紛れ込んだような感じだった。

共産主義時代の産物のような、型の古そうな車ばかりだから、もしかしたら質がよくないのかもしれない。でもいくらなんでももっと速く走れるだろうに。こんなスピードで運転していていらいらしないのだろうか？

と思ったところで、ふと別の考えが浮かんだ。「こんなスピードでいらいらしないのか？」と反射的に考えるその感覚のほうは、はたして正常なのか、と。内心、ちょっと苦笑してしまう。

それにしても奇妙な光景だった。のどかを通り越して、幻想的ですらあった。考えてみると、広々した道路の上の車がすべてゆっくり走っている、などというシーンはなかなか見られるものじゃない。自転車をこぐぼくの足も自然とゆるやかになってくる。家の窓や、看板や、通りゆく人々の顔がますますはっきりと見えてくる。

隣のウズベキスタンにもふしぎな光景が広がっていた。

夏の中央アジアの暑さは激烈で、四十度を超す日も珍しくない。砂漠気候なのでやたらと喉も渇く。それを癒すために町のいたるところでガスウォーター（炭酸水）が売られている。ボトル入りの既製品ではなく、機械からコップに注ぐタイプだ。コップも機械も衛生的にちょっと問題がありそうな雰囲気だし、水もおそらく生水だろう。でもそんなことは気にしていられない。この暑さのなかで飲む冷えたガスウォーターには身もだえするほどの快感がある。シュワシュワッというのど越しが少しビールに似ていて、しかもコーラなんかとちがってさっぱりしているので何杯でも飲めてしまう。

ガスウォーターはたいてい店先にその機械が置かれ、店員が操作して売られているのだが、それなりに大きな町に行くと、これの自動販売機が道路に置かれていたりする。これがなかなか笑えるしろもので、ぼくの見た範囲だけでいえば、百パーセント壊れていた。だからその横にはおばちゃんが座っている。自販機からは黒いコードがのびていて、その先にはリモコンのコントローラーのようなものがついている。代金を渡すと、おばちゃんはそのコントローラーのボタンを押す。すると、自販機の受け口に置かれたコップにシュワーッとガスウォーターが注がれる。それを自分で取り出して飲む。以上。

つまり、おばちゃんの仕事はリモコンのボタンを押すだけ、というじつに控えめなものだ（もちろん、コップを洗ったり、ガスウォーターを補充したりといった仕事もあるだろうけど）。

このガスウォーターが、コップ一杯十スム、約一・三円、というおそるべき安さである。いったいこれの粗利益はどれぐらいで、そしておばちゃんたちはどういう暮らしをしているのだろうか？

でも彼女たちに暗さはない。どこか泰然とした微笑さえ浮かべている。だからやっぱりのんきに見えてしまう。

一杯一・三円のガスウォーターを売るために、自販機の横に一日じゅう座り、ボタンを押しつづけるおばちゃん。中央アジアのおっとりした空気は、彼女たちからもこぼれ出ているようである。


カザフスタンが、ぼくにとって中央アジアの最後の国となった。そこでの最終日にこんなシーンに出会った。

大草原のなかの細い道を、中国に向かって走っているときだった。

前方から馬車がカッポカッポとやってきた。

そこにはひとりの少年がのっていた。山積みの牧草の上に、仰向けに寝転がっている。のんきな姿だな、と思わず頬がゆるんだ。雲でも見ているのだろうか。

少年は手綱を持っていたが、それを動かす様子はなかった。それでも馬はカッポ、カッポとゆっくりしたテンポでひづめを鳴らしながら、こっちに向かってきちんと進んでいる。

やがて馬車とすれちがった。その瞬間、少年の顔が見え、あっ、と思った。

少年は牧草の上で、ほんとうに眠っていたのである。

ふいにある空想が頭のなかに広がった。少年が寝ているあいだに、馬は彼を家まで届けていく。そして少年が目を覚ましたときには、馬車はもうとっくにとまっていて、彼の目の前には、明かりのついた自分の家が見えている……。

ぼくは自転車をとめてうしろを振り返った。そして、大草原をバックに、ゆっくりと遠ざかっていく馬車を眺めながら、記憶のどこから来るのかよくわからないなつかしさを胸に、しばらく立ち尽くしていた。

世界一好きな場所

「どこがいちばんよかった？」

世界一周をしたと言うと、ほぼ毎回聞かれるのがこの質問で、ちょっと返答に困るのもこの質問だ。

どの国にもどの地域にもそれぞれにいいところがあって、ひとつにはなかなかしぼれない。だけど、あえてひとつを選べと言われたら、ぼくはアフリカと答える。それもブラックアフリカ、つまり黒人たちの住むサハラ以南のアフリカだ。

ぼくはよくいえば新しいもの好き、悪くいえば執着できない性格なのかもしれないが、旅をしていると、ひとつの国に長くとどまろうとするよりは、次から次へと、まだ見たことのない世界へと興味が移っていく。一度訪れた場所を再訪するということもあまりない。国境を越えるときは、去りゆく国への惜別の念より、これから向かっていく国への期待のほうがはるかに大きくふくらんでいる。

そんなぼくが唯一、離れることが寂しくてたまらなかった場所がブラックアフリカだった。

喜望峰にゴールしたあと、ケープタウンからロンドンに飛ぶことにしたのだが、フライトまでの数日間、ぼくは悪あがきをするかのように町をうろつき、アフリカの空気を少しでも吸っておこうと努めた。ケープタウンは白人が多く、ほとんどヨーロッパのような町だが、それでもそこかしこにアフリカの空気は漂っていた。

商店街のようなところで、女の子たちがストリートダンスを披露していた。ぼくは立ちどまり、そのエネルギッシュな踊りを見つめた。彼女たちの四肢の動きや笑顔は、われを忘れて見入ってしまうぐらい輝いていた。そのうち、涙まで出てきた。

また、別の通りには土産物の露店が並んでいた。商品を冷やかしているうちに、ぼくはどうしても木彫りのカバが欲しくなり、それを買った。店主同士がスワヒリ語（アフリカ東部の言語）でしゃべっている。出身を尋ねると、ザンビアとマラウイだという。出稼ぎに来ているらしい。ぼくも片言のスワヒリ語でしゃべった。なんだなんだ、とまわりの店のおじさんやおばさんたちもうれしそうな顔で集まってきて、その場が笑いであふれた。

そこを離れ、木彫りのカバを抱えて歩いていると、ふたたび涙が出てきた。アフリカを離れるのがほんとうに寂しかった。

この地の引力はなんなのだろう、と思う。

あるいは、〝人類の生まれた場所〟という思いが、この地への傾倒を強めているのかもしれない。そのようなロマンに自分が入れ込んでいるとはあまり思えないが、意識下にはたぶん、そのイメージはあるだろう。

じっさい、アフリカにはそう思わせる何かがある。テントを張って、褐色の大地に沈む夕陽を見ていると、これまでに感じたことのない心の平穏を味わうことがある。体の底にこびりついていた汚れがはぎとられていくような感覚がある。

風が吹き、サバンナの草原が揺れ、動物の群れが草を食《は》み、人々が屈託なく笑い、裸の子どもたちが褐色の大地を走って追いかけてくる。そして、そんなものたちを包み込んでいる、透明感にあふれた空気。

それらすべてがアフリカではやさしく感じられた。もともと自分は涙腺の弱いたちだが、アフリカに入ってからはそれがひどくなった。

ケープタウンからロンドンに飛んだあとは、ユーラシア大陸を東に進んだのだが、日本が近づくにつれ、どんどん寂しくなっていった。帰国への喜びはほとんどなく、旅が終わる悲しさのほうがずっと大きかった。そんななかでいつも思い出していたのは、アフリカの大地や彼らの笑顔だった。そして日本に帰ってからも、旅を振り返るとき、最初に脳裏に浮かぶのは、やはりアフリカなのだ。

というのが本音なのだが、しかし〝好きな場所〟という話を、アフリカだけで終わらせるのもちょっとぞんざいな気がする。お気に入りの場所はとうぜんほかにもたくさんある。それらにはやはり順位などはつけられないので、大陸ごとに、ぼくが走った順番にあげてみたいと思う。まずは北米から。

とくに印象深いのはアラスカとカナダのユーコン準州だ。この地の大自然の無垢な感じとスケールの大きさは、ほかではなかなか味わえないもののような気がする。

偶然に導かれるようにして、テスリン河という支流からユーコン河のカーマックスというところまで、十日かけてカヌーで下った。出発点の橋を出ると、そこからじつに三六〇キロ先までは橋にも道路にも交わらない。つまり河は、文明から閉ざされた原始の森のなかを悠々と流れていくわけだ。このあいだ、気がおかしくなりそうなほどの静寂を味わい、いかにも手つかずの荒々しい自然を日がな一日眺め、スレていないマスやサケを相手にした狂喜乱舞の釣りに時間がたつのも忘れた。

カヌーの上で過ごしたあの十日間を振り返ると、ほかに代えられるもののない体験だったように感じられる。七年半の旅のなかでも特別、自分の呼吸のリズムがゆったりしていたように思えるのだ。

また純粋に景色だけでいえば、カナディアンロッキーを縦走する通称「アイスフィールドパークウェイ」と、アメリカ中西部にある国立公園の密集地帯「グランドサークル」がすばらしい。前者は二三〇キロにわたってつぎつぎに変化する山の景観にキョロキョロしっぱなしだったし、後者は一転、赤茶けた大地、まさに西部劇の世界で、岩がつくる壮絶な芸術を前に、ただただため息をついていた。

アメリカの次に訪れたメキシコは、この旅でも一、二を争うほどテンションの上がった場所である。なんといっても人の明るさがいい。アメリカ人の陽気さとはまたちがう。濡れたように光る石畳や、民俗音楽の切ない調べ、漁火のような夜店の光、そんなしっとりした町の空気と相まって、人々の明るさには、泣きながら笑っている顔を見るような陰影があった。彼らと少しでも早く意思疎通をしたくて、またより深く彼らのなかに入っていきたくて、スペイン語の単語をマジックで手の甲に書き、自転車で走行中に懸命に暗記したものだ。

くわえてメシはうまいし、遺跡や古い町など見るべきところもじつに多い。ここほど旅の〝うまみ〟が凝縮されたところもないという気がする。

その隣国グアテマラも一生忘れないだろうと思える場所だった。個人的遺跡部門第一位のティカルに、目もくらむような民族衣装。琥珀のような〝宝〟が、ここにも詰まっている。

次は南米だが、ううむ……。

じつはいまひとつテンションの上がらなかった地域である。

ひとつには南米に入ってすぐに強盗に身ぐるみはがされ、そのトラウマを引きずったままビクビク旅をしていたせいだろう。あの事件はやはり南米全体のイメージに暗い影を落としている。

もうひとつは期待が大きすぎたことだろうか。

メキシコおよび中米で、旅はある意味最高潮に達した。それらは自分にとってはじめてのいわゆる第三世界で、それだけに、味のある町並みも、屋台の煙も、気取らない人々も、目に映るものすべてがギラギラして新鮮で、毎日が祭りのようだった。南米に行けばもっとすごいにちがいない——日本からさらに遠いというだけで、そう考えていたのだ。

しかしじっさいに受けるインパクトは、やはり期待の大きさに反比例するようで、南米を走りはじめても想像していたような衝撃はなかった。こうじゃない、こんなものじゃない、ここはあの南米やぞ、もっとエキサイティングな旅ができるはずやろ、そんな思いを抱えながら、そのイメージを追うように旅をつづけた。その結果、消化不良のまま南米の旅を終えてしまったのだ。

それともうひとつは、やはり旅のマンネリ化である。

南米で旅は二年目を迎えた。一年というひとつの区切りを終え、さらにメキシコ・中米で第三世界のカルチャーショックをひととおり経験してしまうと、それから旅は自走から帆走に切り替わったように感じられた。〝非日常〟であるはずの旅の日々が〝日常〟になり、淡々と流れだしたのだ。

ぼくにとって世界一周は一気にやることに意味があった。旅のイメージの根っこに、ジュール・ヴェルヌの『八十日間世界一周』があったからかもしれない。大陸や地域を区切ってまわるやり方もあるだろうが、それではぼくは納得がいかなかった。だから七年半も出っぱなしだったのだ。

旅はけっきょく、自分の満足のためにするものだと思うから、ぼくにはこのやり方しかなかったのだけど、しかし旅の質を重視するなら期間は長くてもせいぜい一年が限度じゃないだろうか。

旅が長くなればなるほど、言い方を変えれば、毎日変化だらけの日々がつづけばつづくほど、感受性はすり減っていくように感じられる。アフリカで会ったフランス人の夫婦チャリダーが忘れられない。故郷のパリを基点に行ったり来たりをくりかえしながら、タンデム自転車で世界一周をしているということだったが、その生活をはじめて十四年。途中で子どもが生まれたので、タンデム自転車のうしろに荷車をつけ、そこに彼をのせて旅をつづけていた。その子どもが、たしか五歳ぐらいだったと思うのだが、アフリカの子どもたちが寄ってくると、笑顔で迎えたり、おどけたりして、ひどく場慣れした感じがあった。そのくせ自分たちだけになると、子どもとは思えないほど疲れた表情になり、終始ぼんやりと宙を見つめていた。何に対しても無関心で、冷めきったような目をしていた。かわいい子には旅をさせよというけれど、ほどがある、と思ったものだ。

大切なのは、景色も人もつねに変化する旅という行為ではなく、何ひとつ変わらない日常からでも、つねに新しい変化を見つけ出す力ではないだろうか。

という話はさておくとして、とにかく、南米でこのマンネリズムが来た。

まわりを流れていく景色に心が動かず、感動的な出会いがあっても、どこか別のところから自分を傍観しているような、身の入らない感じがあった。もちろんずっとそんな状態だったわけじゃなく、胸が熱くなる瞬間も何度となくあったのだが、全体の印象としては非常に淡々としていた。

じつは南米にいるころ、いったん帰国しようかと迷った。ホームシックはなかったが、このままでは時間の浪費だと思ったからだ。

けっきょくそれを踏みとどまり、早々に南米を切り上げてヨーロッパに飛んだ。世界が変われば、ふたたび好奇心が高まるかもしれないと考えたのだ。

はたしてその予感は的中するのだが、それもはじめのうちだけで、やがてヨーロッパの空気にも新鮮味を感じなくなっていった。考えたすえに、今度はロンドンでアパートを借りて働いてみた。つまり旅という〝日常〟から、定住、そして労働という〝非日常〟に入ることで、ふたたび旅の価値を高めようとしたのだ。どうやらそれはうまくいったようで、半年後にロンドンを発ってからは、旅が変わった。以前よりもっとじっくり世界と向き合うような、あるいは異文化をもっと自然に受け入れていくような、より味わいのある旅になったように思う。

新鮮な感受性にのみ価値をおくなら、旅は一年といわず、二、三ヵ月で区切ったほうがいいかもしれない。でも長くつづけることで深化する部分というのは、たしかにある。

まあそんなパッとしない状態で旅をしていた南米だけれど、それでも好きなところはもちろんあって、その筆頭はパタゴニアだ。南米大陸の南に広がる広大な不毛地帯である。

ここはこの旅でもとくに人が少なかったところで、道は延々と荒野のなかを行く。どこを見わたしても褐色の滑らかな地平線がつづいていて、地球はひとつの惑星なんだと実感する。ペダルをこぐと、大地がゆっくりと動いていく。地球と自分、ここにはそれしかない。そんなことを日々感じながら走る。

見わたすかぎりの荒野は、風が吹き荒れていることでも有名だ。その暴風域をのりこえ、世界最南端の町を目指すというのが、パタゴニア旅行の醍醐味でもある。〝世界の最果てに向かっている〟という感覚を体じゅうに抱きながら走る。そのことが強く旅情を誘う。景色の美しさ以上に、この〝旅情〟が大切じゃないだろうか。それが思い出の濃淡を決めているように、ぼくには思えるのだ。

もっとも、パタゴニアはその自然美も圧巻である。写真にそれほど興味のないぼくでも、ここの国立公園ではフィルムをかなり消費してしまった。

ヨーロッパに行ってみよう。

まずはバルト三国。

エストニアの美女だらけの眺めもすばらしいが、それと並んでこの地に漂う空気がいい。通りを行きかう人々も車もゆったりと動いていて、ホッとするムードがたちこめている。先にも書いたとおり、時間がとまったようなこの雰囲気は、旧ソ連の国々に共通する空気のような気がする。

次はアイルランドとスコットランド。

スコットランドの村パブ巡りは先に書いたとおりだが、アイルランドのパブもいい。ケルトの民俗音楽を生演奏で流しているパブがある。奏者たちは客席でビールを飲みながら演奏

エストニアの首都タリン。城壁が街をぐるりと取り囲んでいる。

する。ライブコンサートというよりは、飲みに来たいつもの仲間が興にのって楽器を手にしているといった感じだ。

彼らの音は陽気で切ない。演奏のなかには、ときどき独唱が入る。詩吟のような節まわしだ。ケルト語の歌詞で、内容はまったくわからないにもかかわらず、なぜかずっしりと心に響いてくる。

あと、スペインのアンダルシア地方も外せない。

ほとんどすべての家が真っ白で、日を浴びると、町じゅうがまばゆい光で満たされる。えもいわれぬ美しさだが、それだけじゃない。光の裏に濃い影が沈んでいる。そのコントラストがどこか寂しい。フラメンコを観たときは、このアンダルシアの〝色〟がみごとに再現されているように思え、風土の上に文化が成り立っていることにあらためて感心した。

そしてやはりスペインだけにバル。哀愁あるアンダルシアの空気のなかで味わう生ハムと酒。人々のラテン的な陽気さ。ついついもう一軒、と足をのばさずにはいられなかった。

アジアに行こう。

中東のイスラム教の国々がいい。

町の空気がいかにも〝別世界〟という感じがして、それだけでぞくぞくしてしまった。

夕暮れどき、町には「アザーン」が流れる。イスラムの礼拝を呼びかける合図のようなものだ。

「アラー、イラハイララ、ムハンメドレソロラー」

これが、いーしゃーきいもー、の節によく似ている。赤く焼けた空に、モスクのドームがシルエットになって浮かび、そこからこのアザーンが聞こえてくると、手足がしびれるような気分を味わった。このときぐらい「異国にいる」と実感する瞬間もなかったからだ（もっとも、そのうちこの世界にも慣れてアザーンもあたりまえになるのだけど）。

その中東のなかでも、ぼくのお気に入りはトルコとシリアだ。

なぜそんなに親切なのか、とふしぎになるぐらい人がいい。先にも書いたとおり、このあたりでは人の家に招かれ、食事をごちそうになったり、泊めてもらったりすることが頻繁にあった。彼らのそういった性質は、客人をもてなすようにというコーランの教えによるところが大きいのだろう。

ぼくを家に泊めてくれるとき、彼らには恩着せがましさや、見返りを求めるような雰囲気がまったくなかった。あなたは客人だから世話するのはとうぜんだ、といわんばかりに料理をつぎつぎに出してきた。そんな彼らの笑顔は、ときにハッとするくらい美しい。

新聞やテレビのニュースのせいで、イスラム教は過激で危険だというイメージがついているかもしれない。でもけっして負の側面ばかりじゃない。彼らの笑顔に触れると、宗教がいい形で人の心に影響しているんじゃないかと思えてくる。

ただし、都市部や観光地では状況が一変する。旅行者の落とす金を目当てに、あらゆる手段を講じる輩《やから》が増えてくる。トルコのことをぼろくそに言う旅行者にときどき会ったが、話を聞いてみると、イスタンブールで遭ったいやな目だけで印象を固めていることが多い。

こういった観光地の状況はべつにイスラム圏にかぎったものではなく、程度の差はあれ、世界じゅうどこでも見られるものだ。ただイスラム圏は、田舎の人があまりにもいいので、そのギャップがきわだってしまう。

考えようによっては、その人ずれした部分もその国の〝色〟かもしれない。ただ、観光地はどこも同じような俗化が見られることを考えると、その国の本来の姿は、やはり田舎に行かなければなかなか見えないんじゃないかという気がする。

話を戻そう。アジアのお気に入りの場所。

自分の旅のルートに沿って考えていくと、次にランプがともるのは中央アジアだ。

あのゆったりした空気感がたまらない。また訪問した国々のなかでもとくに〝なつかしい〟という感情を抱いたところである。

くわえて観光客が少ないのがいい。その要因のひとつはビザだろう。

このあたりの国々はソ連時代の因習を残していて、入国するのにかなりわずらわしい手続きが必要だ。ぼくはウズベキスタン、トルクメニスタン、キルギス、カザフスタンの四ヵ国のビザをイランの首都テヘランで取得したのだが、すべて取るのに三週間もかかった。しかもただ書類を提出して待つのではなく、何日も大使館に通い、ビザを出ししぶる役人を慣れないロシア語でなんとかなだめすかしながら、である。

このように苦労はしたが、しかしそのわずらわしさのおかげで、この地域にはとても貴重なものが残されているように感じられる。人々のはにかみ、あるいは人なつこさ。その素朴な空気は、ほかではちょっと見られないもののような気がする。観光客ずれしていない世界はそれだけで心地がいい。ま、一観光客の勝手な言いぶんなんだけど。

そして次の国。アジアといえば、やはりここを避けては通れないのかな、と思う。旅行者同士の会話のなかでもとくに頻繁に取り上げられる国。

「インドはねえ」

と語りはじめる旅行者のなんと多いこと。その国の精神性や神秘性を説き、インド未経験の旅人がいると、さも意外そうな顔で言う。

「ええ？　まだ行ってないの？　行かなきゃあ」

なんだか、トゲのある書き方になった気がしなくもないが、でもそういう雰囲気の旅人にはほんとうにたくさん会ったのだ。

自分は迎合が苦手な性格だから、多くの旅人から「インド」「インド」と聞くと、「けっ」という思いになる。インドにハマるということが、それだけでもう月並みに思え、自分はそんなふうにはならないぞ、と妙に身構えてしまう。

そんな状態で、旅も七年目にしてようやくインドに入ったのだが、その入国から約三週間後、聖地バラナシに着いたとき、ぼくは毎朝インド人といっしょにガンジス河に浸かり、祈りを捧げていたのだった。

「って、おまえもハマりまくっとるやんけ！」

というベーシックなオチなのだが、これはもうどうしようもない。たしかに、この国はおもしろいのだ。

ぼくにとってのインドの魅力は、その空気の色だ。人も河も町も、ソフトフィルターをあてたように、ぼんやりして見える。ちりや水蒸気が空気中に多いからだろうか。おかげでインドの夕暮れは美しい。空だけでなく、町の空気まで赤く染まり、輝いているように見える。そのなかを人々が悠々と行きかう。リキシャ（自転車タクシー）の運転手が立ちこぎをして

白く光る川を見ると、今日も朝がきた、と穏やかな気持ちで思う。

いる。そのやせた体が上下に大きく動いている。牛も背を朱色に染め、長い影を引きながら歩いていく。ボロを着た修行僧が夕陽を眺めている。

そして自分もまた、同じように朱色に染まり、この世界に属しているのだと感じる。その深い安らぎ。大きなものに抱えられ、自分が許されているような感覚。

世界を旅すると、アフリカかインドに行きつくという話をよく耳にする。

つねにマイナー側にいたいなどと思っていながら、ふたをあければ、ぼくもしっかりこの通説どおりの型にハマってしまった。

「一ヵ所だけ、もう一度行けるとしたらどこを選ぶか」

という質問はなぜか多いが、それに答えるなら、やはりこのふたつのいずれかになってしまいそうだ。

東南アジアからもひとつ。

ミャンマーがいいという人が多いが、ぼくは行っていないので知らない。政治的な問題のために陸路の国境が閉ざされており、自転車では入れなかったのだ。

ぼくが推すのはベトナムである。

やはりメシのうまさ。これはもうどうしようもない。その国の印象がぼくの場合はメシでかなり左右されてしまう。

でもそれとは別に、この国もやはり〝空気の色〟がたまらなくいいのだ。

ある日の夕方のことである。

雨が降ったあとで、空気が澄みわたっていた。

ぼくは町から街道へとつづく道を自転車で走っていた。

町を出たところに小さな坂があった。その下を線路が走っている。どうやら跨線橋らしい。その坂をのぼっていくと、やがて跨線橋のたもとに、女性がふたりいるのが見えた。どちらも紺のロングスカートと白いカッターシャツという学生服を着て、長い黒髪をうしろで束ねている。学校の帰り道のようだ。

彼女たちは線路と町を見下ろすように、橋の外側に座り、欄干にもたれていた。ぼくは坂をゆっくりとのぼっていった。彼女たちがどんどん近づいてくる。ふたりはさかんにおしゃべりし、ころころ笑っていた。ふたりとも手に何か持っている。彼女たちの背後に浮かぶ太陽が、ふたりを金色の光で包んでいた。

坂をのぼりきって、彼女たちのすぐうしろを通り過ぎた。そのとき、ふたりが手にしていたものが見え、ドキッとした。

ナイフと、キュウリだ。

ふたりの女子学生が、夕陽に染まる町を見下ろしながら、ナイフでキュウリの皮をむき、ポリポリとかじっていたのだ。

「…………」

それだけの話である。

でもそのほんの一瞬のことがなぜか記憶に鮮明に焼きついている。どうかすると自分は幻でも見たんじゃないかと疑いたくなるぐらい、そのシーンはまばゆい光に包まれているのだ。そして、その彼女たちの姿はほかのどこでもない、ベトナムだけでしか見ることのできない情景のような気がしてならないのである。

最後は中国である。

この国を悪く言う旅人は少なくない。内容はだいたい同じだ。中国人はがめつい、愛想がない、ぶっきらぼう、傍若無人、云々。

汽車のチケットを買うのに長蛇の列に並び、約一時間後にようやく窓口にたどりついて行き先を告げると、調べもせずに「没有《メイヨウ》（ない）！」と冷たいひと言で突っぱねられる。あるいは、汽車にのっていると、向かいの男が目の前の通路に思いっきりタンを吐く。そういった話はそれこそ耳にタコができるぐらい聞いてきた。

「旅の最後の訪問地は中国だ」（じっさいは韓国だったが）と言うと、「せっかくの旅が最後に台なしになるね」と気の毒そうな表情で言う人もいた。中央アジアで出会った若者は、これから中国に向かうぼくに「ご愁傷さま」と言った。

旅行者から最も悪態をつかれる国のひとつ、といっていいかもしれない。ぼくはいささか身構えて入国した。ところがこれもまた予想と実情は大きく異なっていたのだ。

ぼくは初日からたくさんの笑顔に出会った。宿や食堂のお姉さんたちは無愛想どころか、とてもやわらかい笑みをこちらに投げかけてくれた。なかには聞いていたとおりの人もいたが、ぼくの印象では総じて中国人はやさしく、ほがらかである。

いろんな人の話を総合してみると、どうも自転車旅行者たちからはこの国の評価が高いようだ。

これはひとつに、チャリダーは中国旅行のなかでも最大の試練である〝チケット購入〟をしなくてすむからじゃないだろうか。駅やバス停に行く必要もないので、ツーリストをカモにしようとする輩に会う機会もずいぶんと減る。自転車の旅で出会う人の大半は、田舎の素朴な人たちだ。そんな彼らの温かい笑顔がこの国の印象になる。

それと中国人はどうも、自転車旅行などアドベンチャーなことに高い関心を持っているように思えるのだ。新聞やラジオから取材を受けることも何度かあったし、またぼくを見る人々の目からも好意が伝わってきた。「お、がんばってるな、困ったことがあれば言えよ」といわんばかりにほほえんでくる人がとても多かったし、じっさいあちこちでメシをご馳走になったり、家に泊めてもらったりした。

おまけに中国はメシもうまいわ、物価もメチャ安だわ、名所旧跡も雄大な自然もどっさりあるわで、旅行者にとってはいいことづくめの国なのである。

ただ、ぼくが中国を愛してやまない最大の理由は、やはりこの国の〝空気の色〟だ。ある町の商店でペットボトルの緑茶を買った。値段を聞くと、四元だという。

「えっ？　三・五元じゃないの？」

「いいや、四元だ」

店のオヤジは口をへの字にして首を横に振った。このときからすでに喜劇俳優のような雰囲気が出ている。

「いつも三・五元で買っているよ」

「いいや、四元だ」

「おれが日本人だからその値段なの？」

オヤジは何も答えない。

「じゃあ中国人はいくらだ？」

「中国人か？……中国人は五元だ」

ぼくはブッと吹き出した。オヤジはへの字口のままだ。でも目だけは「どや、おもろかったか？」とこっちをチラチラ見ているのである。そのいたずらっぽい目にぼくがさらに吹き出すと、オヤジはますますたたみかけるように、

「日本人四元！　中国人五元！」

と胸を張ってくりかえすのである。ぼくはもう笑いがとまらなくなり、けっきょく四元払ってその緑茶を買った。

このようなどこかとぼけたユーモアが中国の空気には漂っている。そういうのに触れるたびに、ぼくはニヤニヤ笑い、ああやっぱりこの国大好きだなあ、と思うのである。

世界一苦手な国

夕暮れどき、買いものから帰ってくると、宿の近くの路地に若い男たちがいた。何人かがこっちを見ている。ニヤリ、と白い歯がのぞいた。来るな、と思った次の瞬間、

「チンチャンチョン！」

男たちはそう叫び、ヒッヒッヒとあざけるように笑った。ぼくは怒りをぐっとこらえ、男たちを無視して通り過ぎる。そのぼくのあとを追いかけるようにつぎつぎに言葉が飛んでくる。チンチャンチョン、チンチャンチョン！

宿に帰りつくと、ベッドに横たわり、深くため息をついた。

「まったく、これだからイランはよ……」

世界をまわってみて奇妙に思ったことのひとつが、この中国人に対する現地の人の態度だ。かなり多くの国や地域に、中国人をバカにする言葉があり、そしてそれが自分に向かって積極的に飛んでくるのである。

中米では「チーノ」という言葉ではやしたてられた。スペイン語で「中国人」という意味だが、ある村では道の両サイドから「チーノ、チーノ」という声が飛んできて、村八分にあっているような気分になった。

一方の「チンチャンチョン」は中東やアフリカでよく聞く言葉だ。中国語の発音がそう聞こえるのだろうが、彼らには中国人も韓国人も日本人も関係ない。東洋人はすべて「チンチャンチョン」だ。アフリカのボツワナには「チンチャンチョンの歌」という、中国人をからかったポップソングまであるらしい。

なぜ中国人が嘲弄《ちょうろう》のまとになるのか。ある者はこう言った。中国人は中華料理店など、さまざまなビジネスを、地元住民をかえりみずに自分たちのペースでやるからだ――と。

たしかにありそうな話だ。でもそれだけだろうかと思う。おそらく、もっと根っこの部分から来る、人種的なさげすみも、かなり含まれているんじゃないだろうか。チンチャンチョンを言うときの彼らの表情を見ていると、そう感じざるをえないのだ。

いずれにせよ、その妙な風潮は世界各地で見られ、けっして少なくないあざけりをぼくは受けてきた。だからへんな話、各地を走り抜けて、最後に中国に入ったときは、「これでやっと〝チンチャンチョン攻撃〟から解放される」と心のどこかがホッとしたぐらいだ。

このしょうもない攻撃が、中東ではイランがとくにひどかった。

最初のうちは適当に聞きながしていた。そもそも中国人にまちがわれることにとくに抵抗感はない（ぼくだってイラン人とトルコ人の区別はつかない）。ただ、相手を思いっきりバカにしたようなその目とその口調はやはり楽しいものではなく、頻繁にやられると、さすがにうんざりしてくる。

テヘランでは大通りを歩いていると、車がぼくのそばまでやってきて、わざわざ減速し、窓が開くやいなや「チンチャンチョン！」という絶叫が飛んできて、げらげら笑われた。車のなかには四人の男がいて、いやらしい目でこっちを見ている。ぼくは中央アジアのビザが思うようにとれず、ただでさえいらいらしていた。反射的に足が出た。

バン！

「あ、やべ」

こちらが意図していたよりもはるかに強く車に蹴りが入ったのだ。車のなかを見ると男たちの顔つきが変わっている。ぼくはその場を離れて歩きだした。ガチャ、と背後でドアの開く音。ああはじまるのかな、と暗い気持ちになった。だがここでひるんでは逆にまずい。ぼくはきびすを返し、彼らをにらみつけ、車に向かっていった。車から出ようとしていたひとりの男の顔にためらいが浮かんだ。男は車に戻りながら何か言い捨て、車は走り去っていった。助かった、と息をつきながら、しかし次の瞬間には全身が倦怠感に覆われるのだった。

こうしたいやがらせをしてくるのは、だいたい二十代までの若者で（そしていうまでもないことだが、その若者の一部だけだ）、それ以上の年になると一転してぼくに向ける眼差しは温かくなる。この両者の差があまりに大きいので、ぼくのイラン人に対する思いは複雑だ。

またイラン人は非常に好奇心が旺盛である。村で自転車をとめると、わっ、と人が集まってくる。つぎつぎに話しかけてきて、べたべた自転車をさわる。日本的な感覚でいえば、彼らはあまり遠慮を知らない。それは彼らの視線にも表れていて、つねにじろじろと好奇の目を注いでくる。

イラン人のこういった〝濃厚〟さをいったんしんどく思いはじめると、彼らの視線がしだいに耐えがたいものになってくる。俺にかまわないでくれ、と叫びたくなる。この国に来て一ヵ月ほどたったころ、ぼくは外を歩くのが億劫になり、投宿したあとは部屋に引きこもるようになった。

しかしすべてはカードの裏と表みたいなもの。彼らのその濃厚さは、裏を返せば〝人なつっこさ〟でもある。遠慮のない態度は〝他人への惜しみない親切〟といった形にもなって表れる。じっさい、この国では家に呼ばれて食事をごちそうになったり、泊めてもらったりすることが何度もあった。そして、そちらの側の印象が勝り、イランを絶賛する旅行者も少なくないのである。

しかし、ぼくはカードの〝裏側〟ばかりを見てしまった。

どちらの側をより強く感じるか。そこにはおそらく〝相性〟が関わっている。相性のいい地域ではふしぎと愉快なことがたくさん起こるものなのだ。

ぼくのイランの印象は、家に招いてくれるおじさんの笑顔より、「チンチャンチョン」と叫ぶ若者の目のほうが強かった。ネガティブにおちいる自分をどうしようもなかった。そのため、ちょっとでもいやなことがあると、「またか」と過敏に反応してしまう。そうして、ただでさえ暗いこの国の色が、ますます暗く淀んでいく。まさに負の連鎖だ。相性が悪すぎるのだ。相性にはとても抗えるものではない。それの悪い相手を好きになろうと思っても、じっさい問題無理なのだ。

と、考えが固まってくると、妙なもので逆に気持ちが少しずつ楽になってきた。いつもの開き直りだなと思った。ときに極端に振れる気性が自分にはあって、わりあいすぐにヤケクソになれる。だからこんな旅にも出られたのだ。

そんなことを考えていると、ますます気分が軽くなり、さっきまで思いつめていたことがなんだかバカバカしくなってきた。すると「いや待てよ」とまったく別の考えがわいてきた。

ちがう。

そうじゃない。

イランが暗く淀んでいるんじゃない。

そのイランのイメージは、全部自分の頭のなかでつくりあげたものではないか。でももともとは〝色〟も〝形〟もなかったはずだ。この国の〝色〟を決めているのは、自分なのだ。すべては自分の経験を通して相手をイメージし、〝色〟を塗っているのだ。

だったら、自由に〝色〟を変えていくこともできるはずではないか。

薄い光が差し込み、熱がじわじわとこみあげてきた。

相性を口実に閉じこもっていたらいかんだろ。自分から動いてみろ。見方や考え方ひとつで、鮮やかな〝色〟にだって染められるはずや。チンチャンチョンと言われたら、笑い飛ばしたらええやないか。そして聞いたらええんや。君らはどういうつもりでそれを言ってるんだい、と。ほほえみながらそう聞けばいいんや。まずは笑顔で歩み寄りや。それから想像力や。相互理解が互いの偏見を減じるんや。

おお、なんかおれ、学校の先生みたいやんか。えらいやん、おれ。

ようし、テンションが上がってきた。引きこもりはもうやめや。おおらかにいこう。天衣無縫の笑顔で。たとえばそう、坂本龍馬みたいに。わしゃあ大海にこぎだすきに。内にこもってちゃいかんぜよ。おお、ええ感じやないか！　今日のおれはめっちゃポジティブや！　わしゃなんでもやれるきに！　うおお、行くぜよ！

そうして宿から外に出て、右手を懐に入れ、志士のようにさっそうと歩きはじめた。ところへ、背後から大きな声。

「チンチャンチョン！　チンチャンチョン！　チンチャンチョン！」

ぼくはぐわあっと振り向き、叫ぶのであった。

「このボケイラン人があ！」

と。目を三角にして。

世界一すごいところ

〝世界一すごいもの〟を探して自転車をこぎつづけた。

そしてたくさんの宝を見つけた。

ぼくは前作『行かずに死ねるか！』でそのことを書いた。

しかし読者の方から、

「で、けっきょく何が世界一だったんだ？」

という声をいくつかいただいた。

ここで種明かしをするのもなんなのでよしておくが、とにかく「モニュメントバレー」や「ティカル」ではないことはたしかだ。もっとも、景観だけでいえば、そのふたつは圧倒的だったのだけれど。

ティカルについては先に触れたので、この「モニュメントバレー」についてちょこっと書こうと思う。

場所はアメリカのアリゾナ州とユタ州の境目あたり。グランドキャニオンの三百キロほど東である。

展望台に立つと、だだっ広い荒野が海のように広がる。そこに赤い岩が三つ、ボコッ、ボコッ、ボコッ、と飛び出している。岩たちはひとつが小山ほどの大きさで、しかもちょっと不気味な存在感がある。息を潜めて鎮座する巨大獣、そんな雰囲気だ。

夕暮れどきになると、太陽が沈むにつれ、岩がどんどん色を変えていく。岩そのものが光源のように赤く輝き、火がついたように炎上する。

ここは先住民族ナバホの聖地だ。あたりにたちこめる空気は、世界じゅうの聖地と同じく、ひやりと肌のひきしまるような清浄さがある。そこにはたしかに、何かがいる、と思える。

ぼくはバレーが一望できるところにテントを張り、そのなかに寝そべって、日がな一日岩たちを見つめた。そして次の日も、またその次の日もそこから離れることができず、けっきょく四日間も同じ場所でキャンプをつづけ、岩たちと向き合っていたのだった。

観光の対象を強引に人工物と自然とにわけたら、自然部門で文句なしに「いちばんすごい」と思えたひとつがここなのである。

せっかくだから、ほかのいろんな風景についても、それぞれの部門のマイベストをあげてみようと思う。かなり無理やりで大雑把ではあるのだけれど。

まず湖では、カナディアンロッキーにある「ペイト湖」。

展望台に立った瞬間、「え?」と口をあけ、頭のなかが真っ白になった。派手な水色のペンキを山と山のあいだにぶちまけたような感じだ。あまりにも鮮やかなので、森から湖がぽかんと浮かび上がって見える。

氷河のミネラル分が水に溶け出してそんな色になるらしい。だからカナダやパタゴニアなど氷河の多い地域では、この手のド派手な色の湖をよく見かけるのだが、このペイト湖はちょっと別格という感じだった。

では山。

ううむ、これは難しい。どうしたって決めようがない。山はなんというか崇高すぎるというか、そんなものに順位をつけるなんて「シャレや、シャレ」と自分に言い聞かせてみても、何かまちがったことをしているような気持ちになってくる。

でももうはじめたからにはなかばヤケクソでやってみるとして、あまり深く考えずに、いまパッと頭に浮かんだ山は、ふたつ。

まずは南米パタゴニアの「フィッツロイ」だ。標高は三四四一メートル。

とにかく形がすごい。サイの角のような、尖った岩山がずらりと横一列に何本も並んでいる。ちょっとした彫刻作品みたいだ。

それを間近に望めるキャンプ場にテントを張った。すると翌朝とんでもないショーがはじまった。

日の出前、谷の向こうから第一陣の光が射し込んできて、尖った主峰の先端に当たる。山全体はまだ影に覆われたままだが、岩山の先端部分だけが、ろうそくに火がともったように、真っ赤に輝いている。

光はだんだんと大きく広がっていき、やがて〝サイの角〟の全体が金色に輝きだす。しかしまわりはまだ薄暗いままだ。世界が影に覆われているなかで、尖った岩山だけが煌々《こうこう》と輝き、浮かび上がっているのである。

ここでもまた毎朝テントをあけ、山が見えた瞬間、「あ、だめ、もう一泊」をくりかえし、けっきょく五日間もとどまりつづけたのだった。

山部門マイベストのもうひとつは、アフリカの最高峰「キリマンジャロ」である。サバンナの草原が大波のようにゴゴゴゴーッと隆起して、五八九五メートルの巨大な山になっている。

この山は高度順化さえできれば、特別なスキルがなくてものぼることができる。ただし登山をするにはお金がかかる。ガイドやポーターをつけることが義務づけられているからだ。入山料から何から含めると約五万円といったところ。ぼくの約一ヵ月半の生活費だ。そこまで払ってのぼる気などはさらさらなく、麓《ふもと》の町のカフェで珍妙な味のする本場キリマンジャロコーヒーを飲みながら山を眺め、それで満足していた。ところが。

夕暮れどき、巨大な山がピンク色に染まりはじめた。さらに頂上の雪がキラキラと光りだし、そこから目が離せなくなった。あそこではいまどんな光景が広がっているのだろう？あの上に立ったらいったいどんな気持ちになるんだろう……。

「うわあああ！　行ってみたい！」

翌日、ぼくは何かにとりつかれたように麓の町を駆けまわり、安くしてもらうためにガイドたちと直接交渉し、レンタルで登山道具をかき集めた。そして次の日にはもう山に入り、頂上を目指してえっちらおっちら歩いていたのだった。

出発してから四日目の朝、ようやく頂上に着いたとき、自分はやはりここに呼ばれていたのだと感じた。

ピンク色に染まった朝もやが、視界一面を覆っていた。ときどきもやが薄れ、その向こうに、巨大な氷の壁が浮かび上がる。それには筋状の模様が入っていて、まるで鯨の歯のようだ。その氷壁もまた一面が濃いピンクに染まっている。なんだか恐ろしいものを見ているようだった。われを忘れて、ふらふらとそこに吸い込まれていきそうな気がした。ここはもはや自分たちの力の及ばない、天上の領域なのだと感じて、ぞくぞくと鳥肌がたった。

この光景を見られたことにくわえ、もうひとつ、この山に「呼ばれた」と考えるしかないような椿事《ちんじ》があった。

ぼくは十九歳のときに自転車日本一周という旅をやったのだが、その途上、青森の弘前で渡部さんという人にお世話になった。それからときがたち、渡部さんは長年の夢「キリマンジャロ登頂」を果たすべく、仕事の休みをとって日本からやってきた。その彼とばったり山中で鉢合わせたのである。なんと十一年ぶりの再会だった。ふたりとも驚愕、歓喜、しばらくは興奮が冷めやらず、いっしょにのぼりながら昔話に興じた。そして四日後にはふたりでいっしょに頂上に立ったのである。

それにしてもこんなところで再会するなんて、いったいどれほどの確率なんだろう。考えれば考えるほどふしぎになってくる。旅行中はなぜかこういうことが頻繁にあったのだが、そのたびに世界が箱庭に思え、ふつふつと笑いがこみ上げてくるのである。

そして海。

自転車だと、七年半という旅の期間は長いようで短かい。各大陸を縦断するだけで精いっぱいで、南洋をはじめ、各地の島々にまで足をのばすことはできなかった。

こんなぼくに海のことを語る資格はないかもしれないけれど、そこはまあ大目に見てもらうとして、個人的に最も印象的だった海、というかビーチはアフリカ、タンザニアの「ザンジバル島」だ。

ここもまた導かれて行った、というとちょっと大げさだが、きっかけがひとつあった。ハンガリーの安宿にあった〝情報ノート〟である。情報交換のために各自いろんなことを書き込むノートのことだが、そこにはこんなことが書かれていたのだ。

《神の声を聞いたのは、チベットとザンジバル島だけだ》

かあ、こいつなんか酔っとるのう、とぼくは顔をしかめ、へらへら笑ったのだが、頭のなかでは「ザンジバル、ザンジバル」とくりかえし唱え、こっそり暗記しておいた。

それから一年半後、その島にたどりついてみると、あまりの美しさに思わず笑ってしまった。白いビーチにミルキーブルーの海、それらにくわえて時間が静止したような島の空気。ぼくは体がくにゃくにゃととろけるような思いになり、滞在期間三日の予定が、「おや？」と日付を見たときは、すでに滞在は二週間目に入っていたのだった。

そのあいだ島の人たちと仲良くなり、彼らの家によく遊びにいった。小さな子どもたちは食ってやろうかというぐらいかわいくて、ぼくを見つけては「ジャンボ（こんにちは）、ジャンボ！」と叫びながら、五人も六人もピョンピョン飛び跳ねる。その姿のかわいいことおかしいこと。水たまりに激しい雨が降り注いで、しずくがあちこちで跳ね上がっているみた

ザンジバル島。ビールに酔いながら、世界中をまぶしいと感じるのだ。

いだ。その様子にぼくは腹を抱えて笑う。すると子どもたちもニタニタとうれしそうに笑い、さらに調子にのってピョンピョン飛び跳ねるのだった。

そうしてあっという間に二週間が過ぎたのだが、島を出る前日にこんなことがあった。

ひとりでビーチを散歩していた。海は朝日を浴び、白く光っている。波音が静かに鳴っていた。ぼくは歩きながら、おそらく顔がゆるんでいたのだろう。前から歩いてきた、現地の者とおぼしき若い男が、ぼくを見てニッと笑い、それから右腕をブーンと上げて、高らかにこんなことを言ったのだ。

「This is a Paradise!」

気がつけばぼくも右腕をブーンと上げ、叫んでいた。

「Yes! It is!」

そしてぼくたちは互いに昔から知っているかのように笑い合った。

このとき、「ああたしかに、ここはパラダイスだな」と思ったのである。

そしてこれが最後。

砂漠である。

世界一美しい、とよくいわれるのがアフリカのナミビアにある「ナミブ砂漠」だ。なかでも「ソススフレイ」という場所には、見た瞬間、だまされたような気分になる景色が広がっている。

赤い砂丘である。

厳密にいえば、オレンジとピンクをまぜ合わせたような色だが、いずれにしても、自然のものとはとても思えない色の砂丘が連なっている。

そこに足を踏み入れると、フワフワと非常に頼りない感触をおぼえる。雲の上を歩くとこんな感じなのだろうかと思う。砂の粒が通常のものより格段に細かいらしい。

砂丘はクリームのようになめらかな形をしていて、おまけに山のように巨大だ。そのひとつに、夕暮れどきにのぼった。そして頂上から足元を見下ろすと、視界が赤一色に染まった。

火星はきっとこういう感じだろうな、と思っていると、そのうちどんどん現実感がなくなり、ふしぎな心地になっていった。ここはいったいどこなんだろう……。

ふだんあまり見慣れないもの——たとえばかぎりなく無に近い砂漠など——を眺めていると、しだいに五感がおぼつかなくなってくるように感じられる。遠近感がおかしくなって、何を見ているのかわからなくなり、そのうち自分がいまどこにいるのかさえあやふやになってくる。

サハラ砂漠でのことが頭によみがえってきた。

その砂漠の西を通るルートは途中から道がなくなるため、自転車で越えるのはほとんど不可能だ。そこでぼくはドイツ人グループの四駆車をヒッチハイクし、彼らと砂漠の上に寝泊りしながら、広大な砂の海を渡っていった。その旅での、ある夜のことだ。

真夜中、小便がしたくなって目が覚めた。車の荷台から外に出てみると、そこは見わたすかぎり、平らに広がっている砂漠で、そして星明かりのためにすべてが青白くぼんやり光っていた。車から少し離れたところで、ぼくは小便をしながら、その青い世界に恍惚となった。

ふと、自分はいまどこにいるんだろう、と思った。

深海の底——？

そんなイメージが頭に浮かんだ。

するとおもしろいもので、目の前の光景がますます深海の底に見えてくるのである。なんだか楽しくなってきた。

どこかにチョウチンアンコウが寝ていないだろうか……？

ぼくは夢遊病者のように歩きはじめた。

深海は完全な静寂に覆われていた。サクッ、サクッ、という自分の足音だけが空間に響いている。奇妙な解放感があった。体がいやに軽いのだ。

そのうち、どうかした弾みに、自分がいま歩いている場所は、じつは雲海なのだという気がしてきた。するとみるみるうちに、深海の底が、青白い雲海へと変わっていくのである。

「………？」

顔を上げ、前方を見た。地平線に近いところまで、星がばらまかれている。青く輝いているそれらの星に向かって、雲の大平原がどこまでものびていた。ぼくはその世界をゆらゆらと泳いでいった。

雲海はふしぎな色をしていた。これは何という色だろう？　青みがかったクリーム色？いや青紫？

「え？」

色が、変わっていく……。

青紫の雲海は、赤だと思えば、しだいに赤みが強くなり、やがて濃い赤に変わった。さらにピンクだと思えば、赤が白く薄まっていき、徐々にピンク色になっていった。つぎつぎに起こるそのなまめかしい色の変化を、あっけにとられながら見ていた。そしてこのとき、ぼくははっきり実感したのである。

これだけ空漠とした〝無〟の世界では、もしかしたらすべての感覚が崩れだすのだ。そして、脳は常識の枠から解きはなたれ、際限なく自由になる——。

そう。

もともとこの世界には、〝色〟も〝形〟もないのだ。

すべては自分の脳がつくりだしているのだ。

だから、自然も、町も、人も、国だって、いくらでも形を変え、色を変え、そして、広がっていく……。

立ちどまってあたりを見まわした。三六〇度の砂の海に囲まれ、ぼくはぽつんと立っていた。どこまででも歩いていけそうな予感がした。

そのまま砂の上に寝転がってみた。

宇宙のなかに、ふわふわと浮かんでいるような気持ちだった。

あとがき

世界旅行から帰ってくると、みんな判を押したように「どこがいちばんよかった？」と聞いてくる。だったら、そのことを書けばおもしろいものができるんじゃないの？

とまあ、単純な発想で書きはじめたのだけれど、これがけっこうたいへんでした。やっぱり〝いちばん〟は決められないし（決める必要もないし）、それに、〝世界一〟という言葉がどうも恐れ多くて、ひれ伏してしまうんです。

「〝個人的〟世界一なのだから、おれがこれやと思ったらそれが世界一や。誰がなんと言おうと世界一危険なトイレはブルキナファソのブタトイレなんや」

と自分に言いきかせても、書いているうちにすぐに心もとなくなってきます。酔狂だ、ユーモアだ、と言いながら、言葉の意味をストイックに考えはじめ、キーを叩く指がとまり、窓の外を眺め、温泉に行く（ぼくの田舎は南紀白浜）、なんてことがたびたびありました。

といっても、そうやって悶々としていたのはほんのわずかの時間だけで、基本的にはとても楽しく書けたんですけどね。何より、書くという作業を通して、もう一度世界旅行をしている気分に浸れたのは痛快でした。前作とあわせて、ぼくは世界を三周したことになります。

最後まで読んでくださった方はもうおわかりだと思いますが、〝世界一〟というのは隠喩《いんゆ》みたいなものです。つまり、その言葉を借りて、ぼくは自分の旅のなかから最も印象に残っているエピソードをつづってきたわけです。

結果、どういう本になったか、それは作者が推し量りかねる部分ですが、ただこれを書いていて思いました。

いままでは世界一周旅行をされる方もたくさんいます。ですからどうかほかの方にも〝世界一〟を書いていただきたい。ほかの人がどこをどんなふうに見てきたか、どの町をいちばん愛し、どこのメシをいちばんうまいと感じ、どこの女性（男性）をいちばん美しいと思い、どこでいちばんの感動を得たか、ちょっと聞いてみたいです。

それと、もうひとつ。

海外旅行に行く前に、この本を読み、期待に胸をふくらませた方もいらっしゃるかもしれません。でも本書のなかで何度も書いたとおり、期待とじっさいの感動はおおよそ反比例するように思います。期待が大きくなればなるほど、じっさいに自分の目で見たとき、「え？　こんなもんだったの？」と拍子抜けすること、とても多いです。

なので、言っておきます。

ぼくは過剰な感動屋です。自転車日本一周中に、沖縄の西表島の川をクルーズしたのですが、そのとき「うわ、まるでアマゾン河や！」とひとりで大はしゃぎし、その興奮を当時いっしょに極貧キャンプ生活していた旅仲間に伝えたことがありました。それを聞いたみんなは「そこまで言うのなら」となけなしの金をはたいてクルーズに出かけ、しかしアマゾン河なるものはいっこうに現れず、でもそのうちすごいことになるのだろうとみんな期待し、やがて景色は何も変わることなくクルーズが終わり、全員口を揃えて「あいつぶっ殺す！」と叫んだ……なんてことは、ぼくの感動癖がまわりを混乱におとしいれた好例です。

だから、「ティカル」も「バランカ・デル・コブレ」もじっさいはたぶんつまんないです。メキシコ料理はたいしてうまくないだろうし、チェーも「ふーん……」といった味です。ギネスもふつうの黒ビールです。ということで、何も期待しないでくださいね！

この本の製作にあたって、前作に引きつづき、編集の大森隆さんにはたくさんの助言をいただきました。いろいろわがままを聞いてくださってありがとうございました。デザインの太田竜郎さんには今回もすてきなカバーをつくっていただきました。そのほかにもたくさんの方々にほんとうにお世話になりました。

みなさまに深く御礼申し上げます。ありがとうございました。

二〇〇五年　初春

石田ゆうすけ

世界一重い言葉——文庫版のあとがきにかえて

自分の文章がいったん本になると、読み返すことはまずありません。恥ずかしくなるのがわかっているので。

でも今回の文庫化にあたり、単行本『いちばん危険なトイレといちばんの星空』を、刊行から五年たってはじめて読んでみました。その結果——ボッと顔に火がつき、頭を抱え込んだあげく、前作『行かずに死ねるか！』同様、全文書き直しを決めたのでした。

今回の改稿にあたっては、新しい話もちょこちょこ加えました。ほんとはもっとたくさんの〝世界一〟を入れようと思っていたのですが、書き直し作業に予想以上の時間をとられてしまい、タイムオーバーとなってしまいました。

でも、最後にひとつだけ。

「どこがいちばん？」と人からよく聞かれるのが、この本のコンセプトになっていると先にも書きましたが、講演ではほかにもこんな質問がときに寄せられます。

「ご両親は、なんて？」

とくに母親世代の女性は、ぼくの親に関心が向くようです。よく許してくれたねえ、どんな気持ちだったのかしら、と。

じっさいぼく自身も、旅立ちにあたってのいちばんの悩みは親でした。

父はこういう冒険的なことは好きだろうと思っていたので、あまり心配していなかったのですが、問題は母です。ひどく心配性の母です。「母親というのはみんなそう」という範囲を、おそらくかなり超えて。

厳しい人だったので、甘やかされた記憶は皆無ですが、ぼくが成人してからも、外出するさいは必ず玄関先で、

「車に気をつけなさいよ」

と不安そうな顔で言う母です。

そんな母をどうやったら説得できるだろう？　と考えはじめると、どこにも手段は残されていない気がしてきて、いっそ黙って出発しようかと一時は企んだほどでした。でもいろいろ悩んだすえに、最終的には手紙を出すことにしました。当時、ぼくは広島に住んでいたので、そこから和歌山の実家にあてて、旅にかける思い、旅の目的、旅程、連絡手段、自転車世界旅行の前例、そして旅行後の自分の人生計画、そういったことを便箋十枚ほどにつづったのです。

その手紙が届いてから帰省すると――これが出発前に親と会う最後の機会だったのですが

——母は憔悴《しょうすい》した様子でぼくを迎えました。そしてその数日後に家を出るとき、母は何かをあきらめたような顔で、

「気をつけなさいよ」

と言いました。涙は見せませんでした。母は強い人でした。人前で泣いたり、感情を爆発させたりすることは、けっしてしない人でした。

それから七年半。ぼくは一度も日本の土を踏まずに世界を旅しました。あとから父に聞いたのですが、このあいだ母は毎日のように近くの神社にお参りしていたそうです。

旅の最後は韓国からフェリーで下関に入り、そこから南紀白浜の実家を目指しました。最終日。年の暮れの、夕方でした。

実家の前には、高校時代をともに過ごした陸上部の仲間がたくさん迎えにきてくれていました。小さい子どもを抱いたやつもいます。友人たちにまぎれて、父もいました。白い歯を見せて。七年半ぶりの父は少し小さく映りました。家の前の道にはゴールテープが張られていました。そこには「祝世界一周」と書かれていて。でもそれはよく見るとトイレットペーパーだったりして。みんなが笑顔で拍手するなかを、ぼくは恥ずかしいような、舞い上がるような、ぐちゃぐちゃな気持ちになって、笑いながらそのゴールテープを切りました。友人のひとりがシャンパンをあけて渡してきました。ぼくは自転車にまたがったまま、それをラ

ッパ飲みして、ますます舞い上がって、大笑いして、ぼくの家の前の道は、近所の人が何ごとかと顔をのぞかせるほどの騒ぎになりました。

ひとしきりみんなとしゃべったあと、ふいに視線を感じて、家の玄関のほうを見ました。そこには母がひとりで、ぽつんと立っていました。みんなも気づいて、その場が急にしんと静まりました。

母はちょっと困ったような、はにかんだような表情を浮かべました。

そしてたったひと言だけ。

——おかえり——

それだけ言うと、手で顔を抑えて、家に駆け込みました。それは、ぼくが生まれてはじめて見た、母の涙でした。

自分がどれぐらい心配をかけているか、頭ではわかっているつもりでした。でもこのときは、痛烈な痛みとともに、母がこれまでどんなに不安な夜を過ごしてきたかを、はっきりと思い知らされたのでした。

そして同時に、母のそのひと言は、孤独な環境にいつづけた自分にとって、旅立ってからはじめて味わう、特別のやさしさでした。

あらためて、両親に。
心配をかけつづけて、ごめんなさい。
そして、ありがとう。

二〇一〇年　夏
石田ゆうすけ

解　説

及川眠子

ノンフィクションが好きだ。

老眼が進み気力の衰えを実感する今日この頃。たくさんは読めなくなったが、それでも選ぶ本のほとんどはノンフィクション。事件、犯罪、戦争、歴史、宗教、社会問題などなど、気になったものは手当たり次第。

中でも旅行記がお気に入りである。なぜならそこに登場する彼らは、おそらく私が一生かかってもできない（というより、しない）ことをやっているから。

私自身旅行が好きで、時間があれば友人や夫と一緒に、時には一人でいろんな場所に出掛けてきた。でも私の場合、旅ではなくただの「旅行」。バックパックを背負ったこともなければ、ドミトリーに泊まった経験もない。いつもガイドブック片手に観光地をさまよい、グルメとショッピングに明け暮れ、しっかりボラれて帰ってくるだけ。まぁそれ以上もそれ以外も求めていないし、私にとっての旅行は楽しきゃいいじゃん、なのだ。

ただ、世界にはきっとスゴいところがあって、従来の価値観では理解しかねる人たちもいて、それらを垣間見たいという気持ちもある。

そんな好奇心を満足させる方法が、旅行記を読むということ。疑似体験とでも言おうか、決して自らは行かないけれど、何だか「行ったような気分」にさせてくれる。

だから、より過酷でより危険で、奥地やら僻地やら前人未踏やら、そういったテーマのものが大好き。スゴいなぁと思いつつ、なぜわざわざこんな場所に？　アホやなぁコイツは、と愛《いと》しさを感じずにはいられない。私は、無駄なことをやり続けてるとか無意味に頑張っているとか、そんなアホなヤツをつい愛してしまう習性があるのだ。

石田ゆうすけの前作『行かずに死ねるか！』（幻冬舎文庫）に出会ったのも、そういった理由から。

書店で手に取った本の副題には「世界9万5000km自転車ひとり旅」。裏表紙には「七年半かけて自転車で世界八十七ヵ国を走破した」と説明されてある。

コイツは絶対にアホやっ！

私のカンが閃《ひらめ》き、速攻でお買い上げ。果たして読んでみれば……。

やっぱりどこかがマヌケで、愛おしくなるほど一直線。さらに、内容が面白いのはもちろんだが、とにかく熱い男なのである。その熱さが文章からもひしひしと伝わってくる。

各地でのいろんな人との出会いや別れ。それにまつわる叙情あふれるエピソード（詳しくは本を読んでください）。そして、随所に出てくるのが左記のようなシーン。

「体の奥で何かが張り裂け、熱い空気がふくれあがってきた。全身がしびれて鳥肌が立ち、涙がボロボロこぼれ落ちた」

「ぼくは抱えていたトマトを袋に入れると、オバサンの細い手をとり、握りしめた。涙が次々にこぼれ出てきた。オバサンの目は、紛れもなく〝母〟の目だったのである」

（いずれも、石田ゆうすけ著『行かずに死ねるか！』より）

ほかにも「嗚咽《おえつ》した」り、「なんだか猛烈に泣きたいような気持ちだった」り、「にじんでぼやけた視界」だったりと、ともかく彼は泣いてばかりいるのである。

確かに七年半も異国の地を（しかも自転車で）さまよえば、いろんな出来事に遭遇するのはわかる。だけど何もそんなに泣かなくても……、とつい言いたくなってしまうほどだ。おそらく無類の感動屋、きっと人から見れば暑苦しいヤツなんだろうなぁと思いつつ、フト著者紹介のところを見てみれば「和歌山県白浜町出身」とある。

げげっ、同郷じゃん。

彼の著書を読んだ同じ時期、私はたまたま和歌山県西牟婁郡で地域振興のためのＣＤを制作していた。白浜町は西牟婁郡にある温泉地。

で、地元の人たちに訊《き》いてみた。「石田ゆうすけ、という作家を知っているか?」と。

「おお、同級生や〜」

「うちの近所の子やでぇ〜」

七年半も自転車で世界一周していたようなアホは、さすがに田舎でも有名だった。

その頃彼はすでに上京していて、雑誌などに執筆したり全国を講演に回ったりしているという。知人の一人が紹介するよと言ってくれたので、一緒に会うことに。

待ち合わせたのは、阿佐ヶ谷の焼鳥屋。そこを指定したのは、石田ゆうすけ本人。年はくっているといえども一応は女性と、初めて会う場所に選んだのが焼鳥屋……。なんて色気のないヤツなんだと思いながら行くと、そこには著書からまんま抜け出たような青年がいた。

「世界でいちばん旨《うま》い焼鳥屋なんすよっ!」

世界各国を旅し、いろんなもの、それこそ旨いものから不味《まず》いものまで口にした彼が、いちばんと豪語する焼鳥は確かに美味《おい》しく、またそれ以上に彼自身が面白く、初対面だというのになんと深夜三時過ぎまで二人で喋《しゃべ》りまくり飲み続けた(紹介した知人は呆《あき》れて途中で帰ってしまった)。ちなみに実物の彼は、著書と同じでアホで直情型熱血男子だけど、想像したよりもずっと繊細でインテリな青年だった。

本著『いちばん危険なトイレといちばんの星空』には、そんな石田ゆうすけの「いちばん」がたくさん詰まっている。

ここでも彼は相変わらず笑って泣いて、相変わらず熱い男ぶりを発揮してくれている。そういう意味では期待を裏切らない。

また、彼の心を支えているものは友情だったり家族との絆《きずな》だったり、目には見えない糸みたいなものなんだろうということを、読みながらしみじみと感じた。その糸はとても温かく強く、だから彼は道に迷わずに日本に帰ってきたのだと思う。

文庫版のあとがきには、日本帰国時のエピソードが記されていて、さすがの私（鬼の及川眠子と、音楽業界では呼ばれている）もほろりとさせられた。

ところで……。二人の郷里、和歌山の海辺の町に、旨い魚を食べさせる店がある。世界中の旨いものを食べてきたかもしれないが、私は和歌山で捕れる魚がいちばんだと信じて疑わない。

ゆうすけくん、今度は和歌山で朝まで飲もう！　私は飛行機で行くからさ、きみは自転車でおいで。

――作詞家

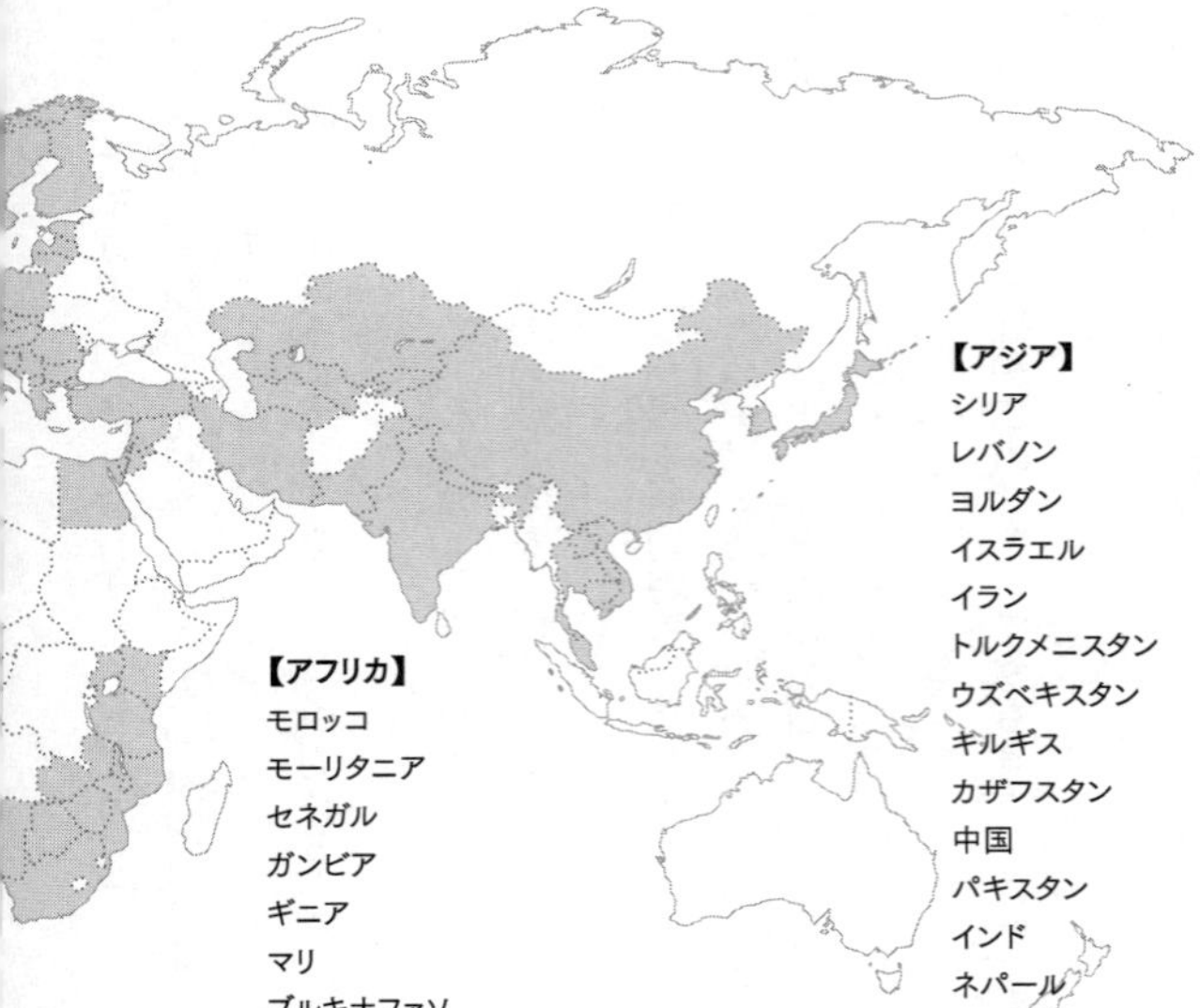

【アフリカ】
モロッコ
モーリタニア
セネガル
ガンビア
ギニア
マリ
ブルキナファソ
トーゴ
ガーナ
ウガンダ
ケニア
タンザニア
マラウイ
モザンビーク
ジンバブエ
ザンビア
ボツワナ
ナミビア
南アフリカ
エジプト

【アジア】
シリア
レバノン
ヨルダン
イスラエル
イラン
トルクメニスタン
ウズベキスタン
キルギス
カザフスタン
中国
パキスタン
インド
ネパール
シンガポール
マレーシア
タイ
カンボジア
ラオス
ベトナム
韓国

【訪問国マップ】世界87ヵ国　国名は2010年6月現在のものです。

【北アメリカ】

アメリカ
カナダ
メキシコ
ベリーズ
グアテマラ
エルサルバドル
ホンジュラス
ニカラグア
コスタリカ

【南アメリカ】

エクアドル
ペルー
ボリビア
アルゼンチン
チリ

【ヨーロッパ】

デンマーク
スウェーデン
ノルウェー
フィンランド
エストニア
ラトビア
リトアニア
ポーランド
スロバキア
ハンガリー
オーストリア
チェコ
ドイツ
オランダ
ベルギー
フランス
イギリス
アイルランド
スペイン
アンドラ
ポルトガル
ルクセンブルグ
スイス
イタリア
バチカン市国
クロアチア
ボスニア・ヘルツェゴビナ
セルビア
ルーマニア
ブルガリア
マケドニア
ギリシャ
トルコ

この作品は二〇〇五年二月に実業之日本社より刊行されたものを大幅に訂正・加筆したものです。

また、本書は一九九五年夏から二〇〇二年末までの旅をまとめたものであり、本文中の価格、登場人物の年齢などは当時のままとしました。

幻冬舎文庫

●最新刊
東南アジア四次元日記
宮田珠己

会社を辞め、東南アジアへ。セメント像が並ぶ庭、顔だらけの遺跡、仏像の迷路、ミニチュア人形が載った盆栽など、奇奇怪怪なものが次々現れる。脱力の旅なのに危険も多発する爆笑エッセイ。

●好評既刊
月曜の朝、ぼくたちは
井伏洋介

転職したものの成果を上げられず降格寸前の里中正樹は、7年ぶりに大学の仲間と再会する。一人の死をきっかけにそれぞれの人生が再び交錯しはじめるが……。切なくも力強い傑作青春小説！

●好評既刊
ペンギンの台所
小川 糸

『食堂かたつむり』でデビューした著者に代わって、この度ペンギンが台所デビュー。まぐろ丼、おでん、かやくご飯……。心のこもった手料理と様々な出会いに感謝する日々を綴った日記エッセイ。

●好評既刊
躁病見聞録 この世のすべては私のもの
加藤達夫

「躁」のビッグウェーヴは突然現れた。迸る熱狂のエネルギーに突き動かされ、著者は世界の頂点を目指す！　禁断の世界紀（奇）行、これは夢か現か妄想か!?　躁病者、初めての衝撃手記。

●好評既刊
瞬
河原れん

泉美は同乗していたバイク事故で恋人の淳一を亡くし、そのショックで最期の記憶を失ってしまう。悲しみを抱えながら生きる泉美は、弁護士の真希子の手を借りて、記憶を取り戻そうとするが……。

いちばん危険《きけん》なトイレといちばんの星空《ほしぞら》

世界《せかい》9万《まん》5000km自転車《じてんしゃ》ひとり旅《たび》Ⅱ

石田《いしだ》ゆうすけ

平成22年7月10日　初版発行
令和4年4月15日　6版発行

発行人――石原正康
編集人――永島賞二
発行所――株式会社幻冬舎
〒151-0051東京都渋谷区千駄ヶ谷4-9-7
電話　03(5411)6222(営業)
03(5411)6211(編集)
振替00120-8-767643
印刷・製本―図書印刷株式会社
装丁者――高橋雅之

幻冬舎文庫

ISBN978-4-344-41502-7　C0195　い-30-2